U0515779

北平研究院

资
料
汇
编

北平廟宇調查

【内六區卷】

中國文化遺產研究院　編

文物出版社

圖書在版編目（ＣＩＰ）數據

北平研究院北平廟宇調查資料匯編．內六區卷 ／ 中國文化遺產研究院編．－－ 北京 ：文物出版社，2021.11
（北平廟宇調查資料）

ISBN 978-7-5010-7249-1

Ⅰ．①北… Ⅱ．①中… Ⅲ．①寺廟－史料－北京 Ⅳ．① K928.75

中國版本圖書館CIP數據核字(2021)第205502號

審圖號：GS(2021)7761號

北平研究院北平廟宇調查資料匯編（內六區卷）

編　　者	中國文化遺產研究院

責任編輯	谷　雨　李　颺
責任印製	王　芳
責任校對	陳　婧

出版發行	文物出版社
社　　址	北京市東城區東直門内北小街2號樓
郵　　編	100007
網　　址	http://www.wenwu.com
製版印刷	天津圖文方嘉印刷有限公司
經　　銷	新華書店
開　　本	889mm×1194mm　1/16
印　　張	25.5
版　　次	2021年11月第1版
印　　次	2021年11月第1次印刷
書　　號	ISBN 978-7-5010-7249-1
定　　價	380.00圓

本書版權獨家所有，非經授權，不得複製翻印

《北平研究院北平廟宇調查資料匯編》
整理出版項目工作組

顧　　問　謝辰生

主　　編　劉曙光

執行主編　王小梅

參加人員　侯石柱　劉志雄　嵇滬民　赫俊紅

　　　　　理　炎　韓麗茹　劉季人　步曉紅

　　　　　楊樹森　黃田帛　楊　琳　李　戈

　　　　　鄭一萍　王寶蘭　江　原　馬　赫

　　　　　張楚梅　劉瑛楠　羅婷婷

序　言

　　中國文化遺産研究院收藏的民國時期北平研究院北平廟宇調查資料，是20世紀30年代北平研究院史學研究會爲編纂《北平志》而開展的北京城區及近郊廟宇調查所留存下來的寶貴資料。

　　廟宇調查這件事做得非常乾净利索，在當時和後來都是備受好評的。在當時的條件下，北平研究院史學研究會僅用了兩年多的時間就完成了對北京九百多處廟宇的調查，其中包括照相、測繪圖紙、摹拓碑碣、文字記録等繁複的現場工作，爲後人留下翔實的第一手材料，包括三千多張照片、近五百張平面圖、八百多份調查記録手稿、一千五百多套拓片、六百多份拓片録文。其計劃之周密、工作效率之高、工作態度之嚴謹、調查内容之豐富，令人歎服。而更值得學習和借鑒的是，當年調查工作的組織策劃者并不拘泥于傳統史學和金石學，而是將照相、測繪和社會調查等新方法與技術手段應用于治史、修志等傳統學術領域，使得這次以修志爲目的廟宇調查，實際成爲一次領時代風氣之先的文物專項調查工作。由于人的敬業，加之目的明確、手段先進，所以獲得的調查資料較爲真實、全面地反映了當時北京城廟宇的保存狀况，實爲難得。

　　但是編纂出版《北平志》就颇多艱難，最終没有完成，令人扼腕。這批資料長期被擱置、塵封，風雨飄摇中成爲一段令人揪心的歷史。這批資料，在抗戰時期曾經跟隨北平研究院輾轉遷移；抗戰勝利後又回到北京；新中國成立後，1950年經中國科學院考古研究所交北京文物整理委員會留存整理。當年北京文物整理委員會整理、留存這批資料時，是經過文化部文物局鄭振鐸局長、王冶秋副局長同意并備案，可見相當重視。北京文物整理委員會的杜仙洲、曾權等先生，都爲資料的整理和編目付出了大量心血。可惜整理工作始終没有走上正軌，"文化大革命"期間，資料被打亂後封存，一段時間内竟然被遺忘于人們的記憶之外。2004年，中國文化遺産研究院"再次發現"了這批浸透着前輩學者心血的寶貴文獻資料。消息傳來，曾讓我感慨幾多！

近十年來，在國家文物局的大力支持下，中國文化遺産研究院先後開展了"院藏歷代金石拓片搶救整理項目"、"院藏歷史照片搶救整理項目"、"院藏珍貴古籍與文物資料搶救保護項目"，基本完成了對院藏資源的清點和登記。我對這幾項工作一向十分支持，也曾經幾次參加他們的會議。但我最關心的還是北平廟宇調查資料和與之相關的歷史文獻，希望中國文化遺産研究院能夠盡快完成整理并向社會公布，以使其發揮更大的作用。實際上，這批調查資料近年來在北京歷代帝王廟牌坊重建、什刹海歷史街區保護、妙應寺白塔修繕、廣濟寺保護與志書編纂等文化項目中都發揮了極其重要的作用，許多照片、平面圖、文字記録和拓片，成爲文物保護與修復項目唯一的參考資料。這幾年，每次見到劉曙光院長，我都會叮囑他設法推動相關工作。今天，我看到了劉院長送來的校樣，看到這批資料經歷了85年的風雨之後能夠得到認真整理、有效保護，并最終得以刊布于世，内心真有不勝之喜。

　　這批資料，對于宗教史、文化史、建築史、地方史、民俗學等都具有重要價值。對于今天北京和其他古城的文物保護和歷史文化傳承，作用也無可替代。最近這些年來，我非常痛心地看到包括北京在内的許多歷史文化名城遭到了各種各樣的破壞，有的已經把古城弄得面目全非、名存實亡了。這種情況，已經引起了上至中央領導下至社會各界的廣泛關注，習近平總書記曾經專門就古城保護和文化傳承作出過批示，國家對歷史文化遺産的保護力度也在不斷加強，這批資料在保護和復原古都風貌方面的史料價值，愈顯珍貴，而本書的出版，可謂正逢其時。我向中國文化遺産研究院表示祝賀，并希望中國文化遺産研究院繼續做好這個《資料匯編》的編輯出版工作。

　　是爲序。

2015年6月3日

目　録

凡　例

1. 本書收録了中國文化遺産研究院所藏民國時期國立北平研究院北平廟宇調査資料。調查時間爲1930年至1932年，調查目的是爲編纂《北平志》搜集資料。現存調查資料931份，記録廟宇938座。調查資料包含調查記録手稿、廟宇平面圖、照片、碑刻與器物拓片，但并非每座廟宇都有以上四項内容，編者是依據現存資料整理出版。此次調查所謂廟宇，泛指寺廟、道觀、壇廟、祠堂、清真寺、教堂等。

2. 廟宇調查是按當時北平行政區劃的分區而進行，本書也將依照當時内城六區、外城五區以及四郊的區劃順序依次編排出版。每區按廟宇調查資料原編號排序。原編號後附現收藏單位的檔案總編號。

3. 本書以每座廟宇爲記録單元，依次按照調查記録、平面圖、照片、拓片及拓片録文的順序編排，以方便讀者完整地瞭解和閲覽每座廟宇的調查資料。

4. 調查記録以録文方式整理出版，爲方便閲讀，加以標點。調查記録後附注，簡要介紹廟宇情況，以供讀者參考。其中廟宇人員情況引自民國十八年（1929年）《北平特別市宗教調查表》。如發現原稿中有訛誤之處，亦在注中予以説明。

5. 平面圖按原圖縮印，圖下標注原圖比例尺、原圖單位、原圖尺寸。

6. 照片原無内容説明，書中照片文字説明爲編者依據調查資料記載及有關文獻進行考證後所增加。

7. 拓片按年代先後順序排序，著録拓片名稱、年代、尺寸。拓片名稱參照《北平廟宇碑刻目録》、《北京圖書館藏北京石刻拓片目録》的拓片名稱。不見于這兩本《目録》的，碑刻以首題或額題爲拓片名稱；器物以器物名稱、銘文題目或内容爲拓片名稱。拓片年代，碑刻一般根據刻立的年代，器物一般根據製造的年代。拓片録文原稿附後，以供讀者讀識碑文參考。

8. 本書收録了中國文化遺産研究院收藏的民國十九年（1930年）北平市公安局印製的《北平特別市城郊地圖》，并于每卷之前附該卷分區地圖，以使讀者瞭解當時北平的行政區劃和廟宇所在方位。

20世紀30年代北平研究院北平廟宇調查述論

王小梅　劉季人

北京是中國歷史上遼、金、元、明、清五朝古都。北京城是在元大都的基礎上，經明、清兩代改建、擴建，最終形成了規模宏偉、規劃嚴整、設施完善的古代城市典範。除了皇家宮殿苑囿、政府衙署、貴冑府邸，數量衆多的廟宇也是北京城建築群中的重要組成部分，是北京城最突出的城市特點之一。

北京的廟宇數量之多，在全國可謂首屈一指。清朝乾隆十五年（1750年）繪製的《京城全圖》，標出了北京城内一千二百多座各類廟宇。民國以降，根據北平市社會局檔案記録，1928年北平登記在册的廟宇有1631座。在城區内，幾乎每條主要街道和胡同都有一兩座廟宇。既有氣勢雄偉的皇家敕建大廟，也有小巷深處的當街小廟。這些遍布于城市各個角落的大小廟宇，與當時的社會生活有着極爲密切的關係。從皇家到民間，大凡生老病死、婚喪嫁娶、求財祈福、去禍消災等等，莫不向廟宇求神問卜、燒香還願。一些廟宇每年有固定的開廟日期，即廟會。廟會逐漸從宗教儀式演變成爲城市生活中重要的商業和娛樂場所，在北京歷史與傳統文化特色形成的過程中起到了重要作用。

20世紀30年代初，國立北平研究院爲了編纂《北平志》，開展了一次大規模的北平廟宇調查，記録了以北京城區爲主的九百多座廟宇的詳細情況。根據現存檔案記載，民國期間，北平市政府部門曾經分别于1928、1936、1947年開展過三次廟宇登記，主要以管理爲目的，以廟産和人口爲主要登記内容。而北平研究院從1930年開始的這次廟宇調查，則是出于人文的動機，以修志爲目的，由學術機構主導，研究人員參與，采用社會調查與傳統治史方法相結合的手段開展的一次較大規模的文物調查。除了歷史文獻匯編、金石摹拓等傳統方法，還采用了照相、測繪等新的技術手段，借鑒社會調查的形式和方法，留下了大批照片、平面圖、調查記録、拓片等珍貴資料。

從歷史的角度來看，這次調查對于後世的意義不同尋常。在此之前從没有過此種類型與規模的廟宇調查。在此之後，由于日本侵華戰争和戰後時局動蕩等歷史原因，使這次調查成爲民國時期唯一的一次較爲全面記録北京城區廟宇情況的實地調查。調查成果成爲後人研究宗教史、文化史、建築史，特别是研究北京地方史、文化史、民俗史以及城市格局變遷和開展古都風貌保護所不可多得的重要史料。

一　北平研究院開展北平廟宇調查的歷史背景

　　20世紀20～30年代，是中國近現代科學技術與學術研究事業發展的一個極爲重要的階段。這一時期，北伐戰爭取得勝利，國家基本結束了多年軍閥混戰的局面，進入了一個短暫的、相對穩定的發展時期。大批海外留學人員回國，許多西方現代學科、學術方法被引入中國，名家輩出，科研與學術成果豐碩。其中一南一北兩個國立綜合性學術研究機構——中央研究院和北平研究院，在這個發展歷程中扮演了極其重要的角色，爲中國近現代科技與學術的發展做出了卓越的貢獻。

　　中央研究院成立于1928年6月，直轄于國民政府。北平研究院設立于1929年9月，隸屬于國民政府教育部。雖然兩個研究院都冠以“國立”之名稱，但其組織形式、學術群體、研究方嚮、歷史地位却不盡相同。與中央研究院相比，北平研究院實際是一所地方性的研究機構，整體規模小于中央研究院，學科設置也少于中央研究院。但作爲同時代與中央研究院并存的綜合性科研與學術機構，北平研究院有着自身獨特的優勢。自然科學方面，在原子物理、化學、動植物學等研究領域有着國内領先的地位并取得了重要的成果。人文科學方面，有着特色鮮明的研究領域與成果，在古迹與遺址調查、考古發掘、邊疆史地研究、少數民族文字研究、地方民俗研究等方面做了大量工作，并出版和發表了各類專著和論文。其中對于北京地區歷史、地理、民俗的調查與研究，就是一項突出的成果。

（一）北平研究院的建立與發展

　　北平研究院的建立，是在籌建中央研究院的過程中提出的。1924年，孫中山先生就提出設立“中央學術院”爲全國最高學術研究機關的設想。1927年南京國民政府成立伊始，蔡元培、張静江、李石曾[1]等人向國民黨中央政治會議提出關于設立中央研究院的議案。1927年5月，國民黨中央政治會議采納了設立中央研究院的建議，并推舉蔡元培、張静江、李石曾等人爲籌備委員。在籌備中央研究院的過程中，李石曾又在政治會議上提出設立局部或地方研究院的議案。當時李石曾正在籌建北平大學區，便仿效中央研究院隸屬于中華民國大學院的體制，把擬議中的北平地方研究院規劃在其中，作爲北平大學的研究機構。1928年9月，南京國民政府政治會議通過了李石曾關于建立北平大學和北平大學研究院的提議。後來有提議在浙江和北平兩地設兩個中央研究院分院，將北平大學研究院改爲中央研究院分院。籌備過程中，蔡元培不贊成把地方研究院劃作中央研究院的分院，主張地方研究院應是一個獨立的學術機

北平研究院

北平廟宇調查

資料匯編〔内六區卷〕

---

[1]　李石曾（1881～1973年），又名李煜瀛，筆名石僧、真民。河北高陽人。民國時期著名教育家，故宫博物院創建人之一。國民黨四大元老之一。早年曾發起和組織赴法勤工儉學運動，在巴黎大學學習生物。回國後曾在北京大學執教，創辦中法大學。北平研究院的創建者。1973年卒于臺灣。

構。後經教育部部長蔣夢麟提議使用"國立北平研究院"的名稱，其性質爲獨立的學術機構。這個主張得到各方面的贊同，并在1929年8月的行政院會議上通過。最終確定了北平研究院獨立的科學研究機構的性質，一個隸屬民國政府教育部的地方性獨立科研機構，其經費由教育部劃撥。

1929年9月9日，國立北平研究院正式成立，李石曾任院長，李書華[2]任副院長。北平研究院下設總辦事處，前後成立物理學、鐳學、化學、藥學、生物學、動物學、植物學、地質學、史學研究所（會）等研究機構，還與國立西北農學院在陝西武功合組中國西北植物調查所。學者將北平研究院20年的歷史劃分爲三個階段：創設發展時期（1929~1937年），抗戰遷滇時期（1937~1945年），復原至暫停時期（1945~1949年）。第一個時期的七年，是北平研究院發展的黃金時期，各項工作處在一個有序而快速的發展階段，大部分科研工作與成果都是在這個時期完成和取得的。1937年七七事變，全面抗戰爆發後，北平研究院的許多工作也被迫中斷。1938年北平研究院大部分機構遷至雲南昆明。1945年抗戰勝利後，陸續遷回北平。1938~1949年，北平研究院雖然仍在有限的條件下開展工作，但因戰爭和戰後時局的動蕩不安，經費不足，條件受限，人員減少，使得科研工作舉步維艱，科研與學術成果明顯下降。1949年1月31日北平和平解放，中國人民解放軍進入北平。3月1日，中國人民解放軍軍事管制委員會文化接管委員會正式接管了北平研究院。同年9月，中央政府確定成立新的科學院，即中國科學院。11月，中國科學院從華北人民政府高等教育委員會處接收北平研究院總辦事處及其在北平的六個研究所。北平研究院的科研力量轉而成爲中國科學院的重要組成部分。

自1929年至1949年的20年中，北平研究院的組織創立者和專家學者在"學理與實用并重"的原則指導下，開展了大量艱苦的、創造性的工作，在科學探索與學術研究方面取得了頗爲豐碩的研究成果。20年中，北平研究院科研人員在國內外學術刊物上發表論文六百餘篇，出版各類專著五十餘種，成立了中國最早的放射性物質研究機構。20年中，北平研究院的組織機構也逐步發展和完善，爲科學探索與學術研究提供了重要的組織保證。北平研究院在中國近現代科學事業發展史上做出了卓越的貢獻，有着重要的地位。

關于北平研究院，已有不少學者對其發展歷史、組織機構、管理模式、學術成就等進行了深入研究，論著頗多，在此就不贅述。本文重點對北平研究院史學研究會（所）及其所開展的北平廟宇調查的相關情況進行論述。

---

[2]　李書華（1889~1979年），河北昌黎人。物理學家、教育家。早年留學法國，獲得了法國國家理學博士學位。回國後執教于北京大學、中法大學。北平研究院創建者之一，任北平研究院副院長，南京國民政府教育部政務次長、部長，中央研究院總幹事。1949年移居國外，1979年病逝于紐約。

（二） 史學研究會（所）的發展與成果

北平研究院史學研究會（所）成立于1929年11月，成立之初稱史學研究會，1936年8月改爲史學研究所，是北平研究院唯一的人文科學方面的研究機構。成立之初，辦公地點設在中南海懷仁堂西四所。

史學研究會（所）成立之時確立的研究方嚮和工作重點有四項：（1）編纂《北平志》；（2）編纂北方革命史；（3）編纂清代通鑒長編；（4）考古工作。這四項工作始終貫穿于史學研究會（所）20年的工作中。

史學研究會（所）先後聘請吳稚暉[3]、李宗侗[4]、張繼、白眉初、朱希祖、朱啓鈐、沈尹默、沈兼士、汪申、金兆棪、俞同奎、徐炳昶、馬衡、馬廉、陳垣、樂均士、齊宗康、顧頡剛、蕭瑜、鄭穎孫等爲會員。吳稚暉、李宗侗爲常務會員，李宗侗兼幹事。

專任編輯有褚葆衡、高靜濤、瞿宣穎、徐炳昶、吳世昌、董炳寅、吳豐培、鮑汀、張江裁、常惠、劉厚滋等。

助理員有石兆原、何士驤、邵君樸、常惠、許道齡、劉師儀、蘇秉琦等。

調查員有李九皋、何子奇。

書記有范綏青、翁瑞昌、張江裁、闞墨青、常硯農、鮑季貞、曲振綱、張子玉、馬豐、鄧詩熙、趙純等。

研究會成立之初，人員分成兩組，一組爲調查編輯組，由李書華任主任；另一組爲考古組，由徐炳昶[5]任主任。1935年7月，調查編輯組改爲歷史組，由顧頡剛[6]任主任。考古組不變。

在北平研究院20年的歷史中，史學研究會（所）按照既定的學術發展規劃，開展了大量的工作，并取得了豐碩的成果。

---

[3] 吳稚暉（1865～1953年），又名敬恒，江蘇武進人。1902年加入上海愛國學社，曾參與《蘇報》工作。1905年在法國參加中國同盟會，出版《新世紀》報。國民黨四大元老之一。1924年起任國民黨中央監察委員、國民政府委員等職。1927年支持蔣介石反共清黨活動。中央研究院院士。1953年卒于臺灣。

[4] 李宗侗（1895～1974年），字玄伯，河北高陽人。晚清名臣李鴻藻之孫。早年留學法國，畢業于巴黎大學。1924年返國，執教于北京大學、中法大學。1926～1933年任故宮博物院秘書長，參與故宮文物清理和接收。抗日戰爭期間，護送故宮文物南遷寧滬和重慶。1948年故宮文物遷臺，參與清點整理，設立臺北故宮博物院。後任臺灣大學歷史系教授。

[5] 徐炳昶（1888～1976年），字旭生，河南唐河人。早年留學法國，曾執教于北京大學、北平女子師大和北京師範大學。曾任北平研究院史學研究會考古組主任、史學研究所研究員兼所長。一直致力于史前研究和考古研究。新中國成立後在中國科學院考古研究所工作，在史前研究方面做出重大貢獻。

[6] 顧頡剛（1893～1980年），名誦坤，字銘堅，號頡剛。江蘇蘇州人。中國現代著名歷史學家、民俗學家，古史辨學派創始人，現代歷史地理學和民俗學的開拓者、奠基人。1920年，顧頡剛畢業于北京大學，後歷任廈門大學、中山大學、燕京大學、北京大學、雲南大學、蘭州大學等校教授。新中國成立後，任中國科學院歷史研究所研究員、中國民間文藝研究會副主席、民主促進會中央委員等職。

考古方面，主要有常惠等人對河北易縣燕下都故址的發掘；徐炳昶、常惠、何士驥等對陝西豐鎬、大邱、雍、阿房宮、陳寶祠等遺址的調查；徐炳昶、蘇秉琦、何士驥、白萬玉、龔元忠對陝西寶雞鬥雞臺遺址的發掘；徐炳昶、顧頡剛、龔元忠、馬豐等對河北磁縣南北響堂寺及其附近的南北朝時代之佛窟石刻等古迹的調查；徐炳昶、顧頡剛對邯鄲縣趙王城和曲陽縣恒山廟的調查；黃文弼對羅布淖爾的考古調查。

歷史研究方面，主要分爲編纂《北平志》及一般史籍與史料的整理與研究。爲編纂《北平志》，姚彤章、常惠、李至廣、吳世昌、張江裁、許道齡等開展了北平廟宇調查，對每一處廟宇進行照相、繪製平面圖、拓碑和文字記錄，根據這些材料陸續編成《北平廟宇通檢》、《北平廟宇碑刻目録》、《北平金石目》等書；張江裁開展了北平風俗研究，撰寫了《北平歲時志》、《北平天橋志》；鮑汧、許道齡等人編纂《北平廟宇志》；徐炳昶開展關於中國古史傳說資料的整理與研究及關於中西文化的比較研究；許道齡以國子監明清進士題名碑與歷朝進士題名録互相校對，編纂《中國進士匯典》；顧頡剛、徐文珊開展的《史記》校點及索引；白壽彝在宋元學術史方面開展的研究；馮家昇、吳豐培對邊疆史料的整理；王靜如對回鶻、突厥、西夏文字的研究；馮家昇對于火藥的發明及其西傳的研究；程溯洛對于南宋初年財政的研究；尚愛松對魏晉玄學的研究；鍾鳳年的《水經注》校補等。此外還有對太平天國、秘密社會的史料搜集與整理等工作。史學研究會（所）還創辦了史學學術專刊《史學集刊》。

史學研究會（所）匯集了一批優秀的歷史學家和考古學家，在短短的20年裏，經過不懈的努力，把史學研究會（所）辦成了民國時期國內較有影響的研究機構。

二　北平廟宇調查的緣起與經過

編纂《北平志》居史學研究會的四項主要工作之首，由調查編纂組承擔。1930年1月，史學研究會在第一次全體會議上擬定了編輯《北平志》的辦法。11月舉行第二次會議，決定了編輯《北平志》的體例及整理史料的方法。《北平志》以記述北平近代之史迹爲主旨，尤注重于社會狀況之變遷，志的内容定爲六略：疆理略（地理記述）、營建略（人工建築）、經政略（地方行政設施）、民物志（社會狀況記述）、風俗略（民俗調查）、文獻志（北平史料）。成立了編定委員會，會員包括：陳垣、馬衡、朱希祖、徐炳昶、顧頡剛、李宗侗、翁文灝七人。

其中"營建略"包括城垣，故宮，公務機關（衙署、營房、倉庫、使館），文化機關（學校、觀象臺、辟雍、孔廟），宗教建築（佛道寺觀祠宇、耶回教堂及其他宗教建築），慈善機關（醫院、孤兒院、粥廠），會所（會館公所），店肆（市場及私家商店），娛樂處所，園宅（名人故居），街巷，河渠，郊苑，冢墓。

1930年1月史學研究會第一次全體會議確定編纂《北平志》後，調查編纂組首先展開了對北平宗教建築的調查，"蓋北平廟宇之多，爲全國任何都市所不能及，其關係建築藝術良非淺鮮"[7]。從1930年3月7日開始，史學研究會開始派員分區調查寺觀、壇廟、祠堂、清真寺、教堂，搜集史料并摹拓石刻[8]。

調查工作的步驟分爲實物調查和史料搜集兩部分。實物調查包括：照相、測繪平面圖、拓取碑碣、調查記錄。史料搜集包括：典籍及文獻的搜集、年表及索引的編製。其中調查記錄是調查人員進行實地調查時對每座廟宇的地址、建築格局、匾額碑刻、殿堂陳設、供奉神佛、修建年代、歷史沿革、院内樹木、僧道人員等情況做的詳細筆錄。"本會調查方法，先以照相提取各建築物之内外各部，以測製平面圖，再就碑碣等項拓取文字，最後仍就其住持僧道及左右鄰居詢問其口耳相傳之歷史，至其他所獲之古器物舊文件等，在可能範圍之内亦必詳密鈎稽。"[9]

廟宇調查是按當時北平城區的行政區劃分區逐步開展的。民國十七年（1928年）國民政府遷都南京，北京改稱北平。民國十八年（1929年）北平市由原來的内外城20個區改爲11個區，即内城六區，外城五區。"自中華門以東，順皇城外至翠花胡同、馬市大街、東四牌樓、朝陽門大街以南，爲内一區；中華門以西，順皇城而北，至大醬坊胡同折而西，豐盛胡同、武定侯胡同以南，爲内二區；安定門大街以東，馬市大街、東四牌樓、朝陽門大街以北，爲内三區；大醬坊胡同、豐盛胡同、武定侯胡同以北，西安門皇城以北，經棉花胡同、羅兒胡同達于積水潭以西，爲内四區；安定門大街以西，積水潭以東，地安門皇城以北，爲内五區；皇城以内爲内六區。前門大街以東，東珠市口以北，崇文門大街以西，爲外一區；前門大街以西，西珠市口以北，宣武門大街以東，爲外二區；崇文門大街以東，外城牆垣以北，爲外三區；宣武門大街以西，賈家胡同以南，至外城牆垣以北，爲外四區；東西珠市口以南，東至天壇東外牆，西至黑窑廠、陶然亭，爲外五區。"[10]四郊設東郊區、南郊區、西郊區、北郊區。

調查工作是在進行了充分的準備後開展的。在進行調查之前，先將北平市社會局所藏全市大小廟宇清册複製全份，作爲調查依據[11]。調查工作首先從外四區開始，調查人員持致公安局各區分局的公函和致各區境内廟寺庵觀公函，説明修志之原委，然後入廟從事工作。在一些調查現場照片中，除了調查

［7］　國立北平研究院：《國立北平研究院概况》，北平：國立北平研究院，1933年，第100頁。

［8］　《史學研究會調查北平廟宇碑記報告》，《國立北平研究院院務彙報》，1930年第1卷第2期。

［9］　國立北平研究院：《國立北平研究院概况》，北平：國立北平研究院，1933年，第100頁。

［10］　陳宗蕃：《燕都叢考》，北京：北京古籍出版社，1991年，第9頁。

［11］　吳豐培：《記1935—1937年的北平研究院史學研究會》，《北京社會科學》，1986年第2期。

人員，還可以看到隨行警察的身影。

廟宇調查人員的大致分工爲：編輯褚葆薌負責攝影及搜集史料，助理員李至廣測繪各廟平面圖，幹事姚彤章指揮拓工摹拓石刻及搜集史料。

碑文的抄録工作由史學研究會的鮑季貞、甄霽雲、范綏青、常硯農承擔。

碑碣、器物的摹拓工作由琉璃廠翰茂齋承擔，現存的拓片上可見"琉璃廠翰茂齋"的題簽，拓工爲李月庭。

照片由北平中原照相館和美麗照相館衝印。

1930年3～11月，調查人員完成了外城五區全部調查工作。外一區46處廟宇，外二區60處廟宇，外三區72處廟宇，外四區81處廟宇，外五區59處廟宇，合計318處。同時還拓取了國子監、東岳廟的碑刻。11月起，開始調查内三區的廟宇。

1931年1月～1932年3月，調查人員完成了内城六區廟宇的調查工作。共調查内一區68處、内二區66處、内三區101處、内四區132處、内五區137處、内六區60處，合計564處。

至此，北平城區内外城的廟宇調查的主要工作基本完成，内外城11區共計調查廟宇882處，比公安局原來登記的廟宇多出154處。得廟宇平面圖七百餘幅（僅繪製大廟），照相三千餘張，金石拓片四千餘品，記録八百餘份[12]。

在結束了對城區廟宇的調查之後，調查編纂組于1932年3月開始，對包括高等法院、公安局、司法部等在内的北平各行政機關、公立機構内的碑碣進行調查。同年11月底，開始赴近郊進行調查，但祇完成了西郊區部分廟宇的拍照和碑刻的打拓工作。

1933～1936年，史學研究會（所）的調查人員主要進行調查資料的整理，并對之前遺漏的材料進行補充，主要是補拓碑刻。根據搜集的廟宇材料，史學研究會開始着手編纂《北平廟宇志》，外城與内城廟宇分別由鮑汴和張江裁編撰。1936年後，張江裁、許道齡、劉厚滋擔任材料整理與校勘，吳世昌、張江裁、許道齡繼續實地調查，吳世昌還擔任專題研究和各廟宇志的編撰。

許道齡在1936年5月的《史學研究會歷史組工作報告》中記載他與張江裁于本年度整理廟宇調查資料，其工作步驟是，先"按照各種清册檢點，查其有無遺失"，然後"以公安局分區爲單位，分別編寫各廟宇號碼，并油印多册，名曰廟宇一覽。再將各種材料依照其次序分開，逐一裝套。同時又將其名稱、號碼及地址書于套面，挨次存櫃"。經整理，内城共得廟宇585座，外城共得廟宇346座，共計931座。内城201座廟宇有碑445通，外城102座廟宇有碑328通。

[12]　李書華：《國立北平研究院的過去與現在》，《國立北平研究院院務彙報》，1935年第6卷第2期。

北平研究院出版的《院務彙報》，從1930年7月出版的第一卷第二期開始，至1932年7月出版的第三卷第四期，連載了13篇《史學研究會調查北平廟宇碑記報告》，記述了調查工作的進展和取得的成果，羅列廟宇名稱并附所得金石拓片目録。《院務彙報》還先後刊載了10篇《北平廟宇碑目》、2篇《北平四郊寺廟碑目》、1篇《補拓北平石刻續目》、1篇《北平東岳廟碑目録》，基本包括了此次調查所拓全部碑刻。1934年，史學研究會在此基礎上按年代先後編次，編輯出版了《北平金石目》，"内外城以内各廟宇所存之金石文字，約一千二百餘種，其在四郊者，調查傳拓尚未蕆事，故未列入"[13]。1936年史學研究會在調查的基礎上，將内外城區廟宇現存碑碣整理并編目，出版了《北平廟宇碑刻目録》。同時還將記載北平廟宇的歷史文獻匯鈔成書，編纂了《北平廟宇通檢》。這三部書成爲研究北京地區碑刻和廟宇的重要文獻。

七七事變後，全面抗戰爆發，史學研究所的各項工作基本停頓。1938年史學研究所隨北平研究院遷至昆明，圖書文獻資料或運往昆明，或易地保存。1945年8月，抗戰勝利後，北平研究院各機構和人員回遷。到1947年，文獻資料均已運回北平，大致完好無損[14]。

1949年11月，中國科學院接管北平研究院後，史學研究所并入中國科學院考古研究所，史學研究所的圖書文獻資料被考古研究所接收。

1930～1932年，北平研究院史學研究會以編纂《北平志》爲目的而開展的北平廟宇調查，自明清以來無人從事。在當時的條件下，僅用了兩年的時間就完成了如此浩繁的現場工作，可謂史學研究會的創始之舉。此次調查積纍了大量珍貴的第一手資料，發現了史籍中未記載或記載不詳的内容。調查工作以及後續開展的專題性整理與研究工作，成爲北平研究院建立以來持續多年的一項主要工作。雖然編纂出版《北平志》的初衷因歷史原因没有實現，但留存下來的北京九百多座廟宇的調查資料成爲留給後人的寶貴文化財富，直到今天仍然在北京城市及文物古迹保護與研究工作中發揮着重要作用。

三　北平廟宇調查的價值與意義

（一）學術機構主導，政府部門支持，調查資料翔實可靠

1949年以前，北平市政當局對全市城區、近郊寺廟進行的三次大規模調查登記，主要以地産、房産和人口爲主要登記内容。1930年北平研究院開展的這次調查不同于政府機構進行的調查登記，是一次由學術機構主導，在社會局和公安局等政府機構的支持和協助下，由專家學者直接參與的廟宇文物普查工

［13］　國立北平研究院史學研究會：《北平金石目》，北平：國立北平研究院史學研究會，1934年。
［14］　《本所紀事》，《史學集刊》，第5期，第303頁。

作。北平廟宇調查通過拍照、測繪、記録、拓碑，對每座廟宇進行了翔實的記録。文字記録詳細記述了寺廟的名稱、地址、始建年代、沿革、建築格局、附屬文物、保存狀況及周邊情況等，結合平面圖及大量建築、造像、器物和廟內陳設的照片，能够直觀、立體地反映廟宇的全貌。代表了當時文物調查的最新手段和最高水平，彌足珍貴，它是一套較爲完整的文物調查檔案。

（二）采用傳統與現代相結合的調查方法與手段，調查資料更全面、科學

此次調查手段之新、内容之豐富、效率之高，前所未有。之所以能够取得如此之成效，絶非偶然。如果把這次廟宇調查納入20世紀二三十年代的學術大環境下來看，不難找到其根源。

其一，20世紀初，隨着中國社會的變革轉型，歷史學也歷經了一場全面的改革，新史學的興起，實現了由傳統史學向現代史學的轉變。新史學在歷史觀念、治史目的、對象等方面都與傳統史學有着根本的不同。新史學持歷史進化論觀點，區別于傳統史學復古、循環的觀念；新史學以國民群體爲歷史重心，區別于傳統史學以皇族王朝爲歷史中心；新史學以全體國民爲讀者對象，區別于傳統史學爲帝王個人提供借鑒。新史學的宗旨是爲全體國民寫史，寫全體國民的歷史。受新史學思想的影響，民國學者在方志的編纂目的、體例、方法上都進行了有益探索。《北平志》在製訂編纂計劃時强調，"以記述北平近代之史迹爲主旨，尤注重于社會狀況之變遷"[15]。把關注民生、關注當下社會之發展變遷列爲重要内容。

其二，20世紀初期，西方社會學理論傳入我國，中國學術界興起了一股社會調查的學術新風。學者將其稱爲近代中國學術史上一場"真正的革命"，是當時中國社會生活和思想文化領域裏破天荒的新事物。從鄉村社會經濟、宗教民俗、城市工商業、社會組織、文教事業、少數民族、醫療衛生等方方面面，開展各種社會調查。組織和參加調查的有公立機構、民間團體、專家學者、大學生等[16]，留下了大量的調查數據和文字資料。方志編纂也受其影響，開始運用社會調查方法并對調查結果進行統計。史學研究會（所）在編纂《北平志》的過程中，也采用了社會調查的方法。其中廟宇調查就是將社會調查的新型治學方法運用于傳統史學研究的一次極好的嘗試。

（三）成爲新中國成立後古建築調查工作的重要參考和指南

北平研究院編纂出版《北平志》的初衷未能實現，不免令人遺憾。這批資料在戰亂與動蕩中幾經輾轉，所幸大部分得以保存下來。

---

［15］ 《史學研究會概況》，《國立北平研究院院務彙報》，1930年第1卷第4期，第28頁。

［16］ 李文海主編：《民國時期社會調查叢編（二）》，福州：福建教育出版社，2009年。

1949年10月，北京文物整理委員會（中國文化遺産研究院前身）[17]成立，1950年8月1日，中國科學院考古研究所成立。1950年夏，經文化部文物局同意，北京文物整理委員會經與中國科學院考古研究所協商，同意由北京文物整理委員會對留存于考古研究所的民國北平研究院北平廟宇調查資料進行整理、編目和研究。

　　文物整理委員會首先派杜仙洲前往中國科學院考古研究所對北平廟宇調查資料進行整理和編目。到1950年10月，歷時三個月，編目工作完成，編輯油印了《北京廟宇調查資料集覽》和《北京廟宇照片底版清册》。《北京廟宇調查資料集覽》登記北平廟宇調查資料891份，記錄了每份廟宇調查資料中照片、平面圖、調查記錄、拓片的情況，相當于一份簡目；《北京廟宇照片底版清册》登記廟宇照片底版2116張，記錄了照片底版的數量和尺寸。11～12月，北京文物整理委員會派曾權、杜仙洲前往中國科學院考古研究所將這批資料提運到文物整理委員會，而考古所的經手人正是當年參加北平廟宇調查資料整理工作的許道齡。許道齡1931年進入北京大學歷史系學習[18]，1935年進入北平研究院史學研究會任助理員，開始進行廟宇調查資料的整理與校勘。新中國成立後，在中國科學院考古研究所工作至20世紀60年代初退休[19]。《中國文物研究所七十年》一書中收録了杜仙洲先生回憶當年整理接收這批資料的情況。

　　北平研究院史學研究會1936年公布的調查廟宇數量，内外城區廟宇共計931處，但遺憾的是没有留下詳細目録。我們今天祇能依據1950年的這份資料集覽和北平研究院《院務彙報》刊載的資料進行整理和編目。

　　從目前資料整理的結果來看，1950年《北京廟宇調查資料集覽》中所登記的絶大部分資料都保留了下來。現存調查資料931份，包括29處祇有照片和拓片的西郊寺廟。由于有幾份調查資料記録了兩處以上廟宇，所以實際廟宇數量應爲938處。有照片和底片3075張，平面圖496張，調查手稿856份，拓片906套，拓片録文664份。

　　此外，中國文化遺産研究院藏國子監碑刻拓片466套，東岳廟碑刻拓片135套，以及高等法院、公安局、司法部等處的碑刻拓片八十多套，與《國立北平研究院院務彙報》所記載的拓片相符。儘管在1950年編印的《北京廟宇調查資料集覽》中没有記録，但經考證應屬此次調查的拓片資料。

　　1932年史學研究會公布的調查内外城區的廟宇數量爲882處；1936年公布的是931處；1950年北京文物整理委員會接收登記的調查資料爲891份，另加29處西郊廟宇，共計920處；2014年整理統計有廟

[17]　中國文化遺産研究院的前身爲成立于1935年的舊都文物整理委員會，1949年10月更名爲北京文物整理委員會，1956年更名爲古代建築修整所，1962年更名爲文物博物館研究所，1973年更名爲文物保護研究所，1990年6月與文化部古文獻研究室合并，成立中國文物研究所。2007年8月更名爲中國文化遺産研究院。
[18]　郭衛東、牛大勇主編：《北京大學歷史學系簡史》，北京大學歷史學系，内部資料。
[19]　許道齡在中國科學院考古研究所的有關情況，源自中國社會科學院考古研究所王世民先生口述。

宇資料931份，記載廟宇938處。

20世紀50年代初，新中國百廢待興，文物的搶救保護工作亟待開展。剛成立不久的北京文物整理委員會的主要任務是古建築的調查研究和維修。除了古建維修工程，文物整理委員會首先開展了對北京地區古建築的調查工作，其中就包括對北京廟宇的調查。

從現存檔案來看，北平研究院留下的這批廟宇調查資料，爲北京文物整理委員會開展北京古建築調查工作提供了極爲重要的參考資料。根據1930～1932年北平廟宇調查資料編印的《北京廟宇調查資料集覽》，成爲一份開展北京城區廟宇調查工作的指南。調查人員按照北京新的區劃對《北京廟宇調查資料集覽》記錄的廟宇進行排序，逐一進行調查和記錄，并有所增補。這次調查除了内外城的寺廟、道觀、壇廟、祠堂、教堂、清真寺外，還重點對關廂、海淀、石景山、豐臺、南苑、東郊各區的廟宇進行了調查記錄。

調查工作從1950年6月到1952年年底，根據對調查登記冊的統計，共登記城區及郊區各類廟宇1309座。1950年10月北京文物整理委員會編印了《北京文物建築等級初評表》，并按文物建築的重要性分成甲、乙、丙三級。北京文物整理委員會1951年的工作總結中有關於這次調查的記述："市内除每月都有重點調查外，1951年曾利用暑假機會約請北大工學院學生，做内外城九區廟宇的普遍調查。秋冬間已把全部調查記錄整理完畢，并選擇有特殊史藝價值的廟宇復查證實，劃分甲、乙、丙、丁四級，并製出全城廟宇分布圖。"[20] 1953年，北京文物整理委員會對北京"郊區（離城十里以外）廟宇古建築已普查完成，編製記錄（帶草圖、照片）的二百五十六處，曾發現長辛店南呂村鎮崗塔、八寶山南崇國寺元塔、馬房寺明塔、崇外營房頭條遼金塔、訥公墳前牌樓、單店真武廟壁畫、承恩寺及法海寺法式和壁畫等，都具有研究價值"[21]。

當年參加調查的有北京文物整理委員會的俞同奎、袁鍾山、曾權、于倬雲、杜仙洲、羅哲文等，主要調查了北京内外城區、關廂、海淀、石景山、豐臺、南苑、東郊各區的廟宇和古建築。羅哲文先生回憶説，當時他剛從清華大學調到文物局任業務秘書，常和于倬雲一起騎着自行車穿行于北京的大小胡同，采用文字記錄和照相的手段記錄各類廟宇的信息[22]。當時還是北京大學歷史系在校學生的徐蘋芳也參與了調查工作。

從北平研究院的北平廟宇調查，到新中國成立後北京文物整理委員會開展的文物建築調查，對於北京廟宇的調查，已經不再是簡單地對宗教場所的登記與管理，而是將其納入歷史文化與文物建築的範疇進行記錄、備案與保護。

［20］ 《北京文物整理委員會一九五一年工作總結》。
［21］ 《北京文物整理委員會一九五三年工作總結》。
［22］ 中國文物研究所：《中國文物研究所七十年》，北京：文物出版社，2005年。

四　對北平廟宇調查資料的整理與思考

北平研究院最終沒有完成《北平志》的編纂出版，祇在專題性研究上取得了一些成果。從後續研究方嚮和取得的成果可以看出，當時參加調查資料整理的學者將重點主要放在金石拓片的整理和編目上，并編纂出版了幾部專著。而對于照片、文字記録和平面圖却没有完成整理、編目和校勘工作，以致照片祇是按廟歸檔，没有文字説明。史學研究會（所）的學者大多是歷史學、考古學、語言文字學方面的學者，鮮有工科和建築學專業人員。因此所繪平面圖祇是平面示意圖，并非嚴格意義的測繪圖紙。全部資料没有完整的目録，前後公布的廟宇數量也存在差異，給後來的整理工作造成一定難度。

20世紀60年代末"文革"開始後，文物博物館研究所的各項工作全部停滯，所有資料都被封存。直到1995年中國文物研究所搬到新的辦公場所後，纔陸續將被封存在郊區倉庫中的大批圖書資料遷回。但此時已經物是人非，一堆堆凌亂無頭緒的資料，既没有目録清單，也不知來龍去脉。所幸的是，當年整理、接收這批資料的杜仙洲先生提供了重要綫索，纔使得中國文化遺産研究院有可能進一步開展整理與研究。

2003年開始，在國家文物局的大力支持下，中國文化遺産研究院先後開展了"院藏歷代金石拓片搶救整理項目"、"院藏歷史照片搶救整理項目"、"院藏珍貴古籍與文物資料搶救保護項目"。通過大規模的搶救與整理，完成了對院藏文獻資料的清點和登記，基本摸清了家底。許多塵封多年的珍貴古籍、金石拓片、文獻資料和歷史檔案逐漸展露真容。在整理北京文物整理委員會檔案時，發現了1950年移交的北平廟宇調查資料的檔案和北京文物整理委員會在20世紀50年代初開展文物建築調查的資料，不僅印證了杜仙洲先生的回憶，還提供了更爲翔實的歷史背景材料，對開展廟宇調查資料整理有着非常重要的意義，成爲我們最終能够瞭解北平廟宇調查資料的來龍去脉，并揭示其重要價值與意義的關鍵。

北平廟宇調查資料的整理工作經歷了近十年的時間，得到了國家文物局及社會上許多專家學者的關心和大力幫助。中國文化遺産研究院前後參加整理的工作人員多達十餘人。2005~2006年，在開展金石拓片和歷史照片搶救保護兩個項目時，先期完成了對北平廟宇調查資料的照片翻拍和拓片修復等搶救性保護工作。2012~2014年，中國文化遺産研究院爲了推動這項工作的開展，設立了"北平廟宇調查資料整理與出版項目"，對這批資料進行專項整理與研究。完成了全部資料的整理和數字化工作。同時，還對北平廟宇調查的整個過程、調查方法以及包含的重要意義與學術價值進行了較爲深入的研究，有了更加全面的認識。

經過煩瑣而艱難的整理，今天能够將85年前的這批珍貴資料完整地刊布于世，一方面是希望能有更多的人瞭解和利用這批歷史資料，使其發揮更大的學術價值和社會作用；另一方面也是想通過對這次調查經過的回顧、成果的歸納與總結，更加深入地瞭解前輩學者和文物工作者踏實、嚴謹、創新的治學態度，以及在内憂外患紛擾不斷的環境裏不畏艱難、不斷進取的奮鬥精神，以激勵今人更好地守護祖國優秀的文化遺産，使之發揚光大。

參考文獻

1. 國立北平研究院：《國立北平研究院院務彙報》，1930～1936年。

2. 國立北平研究院：《國立北平研究院概況》，北平：國立北平研究院，1933年。

3. 國立北平研究院：《國立北平研究院概況（民國十八年九月至三十七年八月）》，北平：國立北平研究院，1948年。

4. 國立北平研究院史學研究所：《史學集刊》，第5期。

5. 張江裁、許道齡：《北平廟宇碑刻目錄》，北平：國立北平研究院，1936年。

6. 許道齡：《北平廟宇通檢》，北平：國立北平研究院，1936年。

7. 國立北平研究院史學研究會：《北平金石目》，北平：國立北平研究院史學研究會，1934年。

8. 陳宗蕃：《燕都叢考》，北京：北京古籍出版社，1991年。

9. 繆荃孫輯：《順天府志》，北京：北京大學出版社，1983年。

10. 北京市檔案館：《北京寺廟歷史資料》，北京：中國檔案出版社，1997年。

11. 北京文物整理委員會：《北京廟宇調查資料集覽》，內部資料，1950年。

12. 北京文物整理委員會：《北京廟宇照片底版清冊》，內部資料，1950年。

13. 北平市公安局：《北平特別市宗教調查表》，內部資料，1929年。

14. 《北平寺廟調查一覽表》，內部資料，1945年。

15. 劉曉：《國立北平研究院簡史》，北京：中國科學技術出版社，2014年。

16. 林文照：《北平研究院歷史概述》，《中國科技史料》，1989年第1期。

17. 刁婭君：《北平研究院史學研究所初探》，碩士學位論文。

18. 中國文物研究所：《中國文物研究所七十年》，北京：文物出版社，2005年。

19. 董曉萍、呂敏：《北京內城寺廟碑刻志》，北京：國家圖書館出版社，2011年。

20. 郭衛東、牛大勇主編：《北京大學歷史學系簡史》，北京大學歷史學系，內部資料。

21. 李文海主編：《民國時期社會調查叢編（二）》，福州：福建教育出版社，2009年。

22. 國家文物局編：《中華人民共和國文物工作大事記（1949-1999）》，北京：文物出版社，2008年。

23. 國家文物局編：《鄭振鐸文博文集》，北京：文物出版社，1998年。

24. 國家文物局編：《王冶秋文博文集》，北京：文物出版社，1997年。

25. 徐自強主編：《北京圖書館藏北京石刻拓片目錄》，北京：書目文獻出版社，1994年。

26. 北京圖書館金石組編：《北京圖書館藏中國歷代石刻拓本匯編》，鄭州：中州古籍出版社，1989年。

27. 馬芷庠：《老北京旅行指南》，長春：吉林出版集團有限責任公司，2008年。

28. 侯仁之：《北京城的生命印記》，北京：生活·讀書·新知三聯書店，2009年。

29. 佟洵：《佛教與北京寺廟文化》，北京：中央民族大學出版社，1997年。

城 郊 地 圖

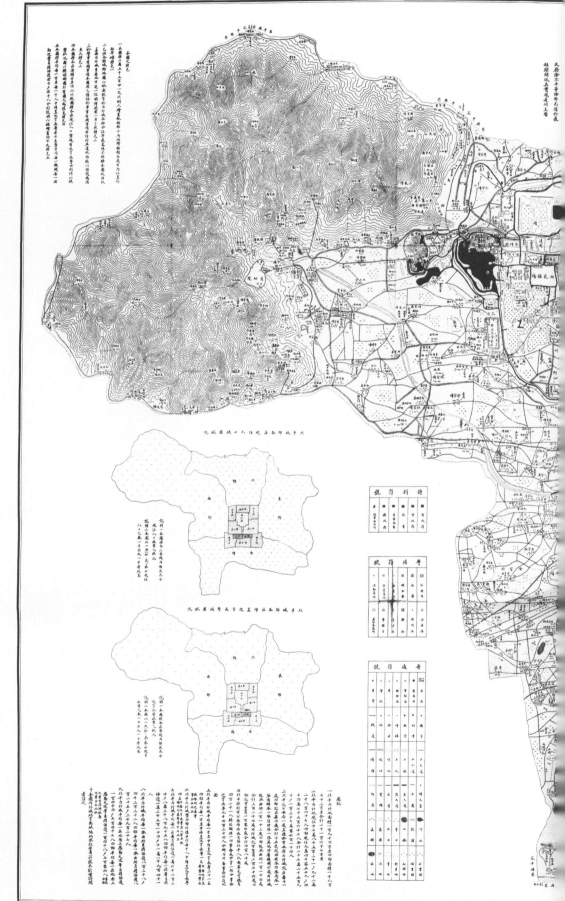

北平特別市城郊地圖

北 平 特 別

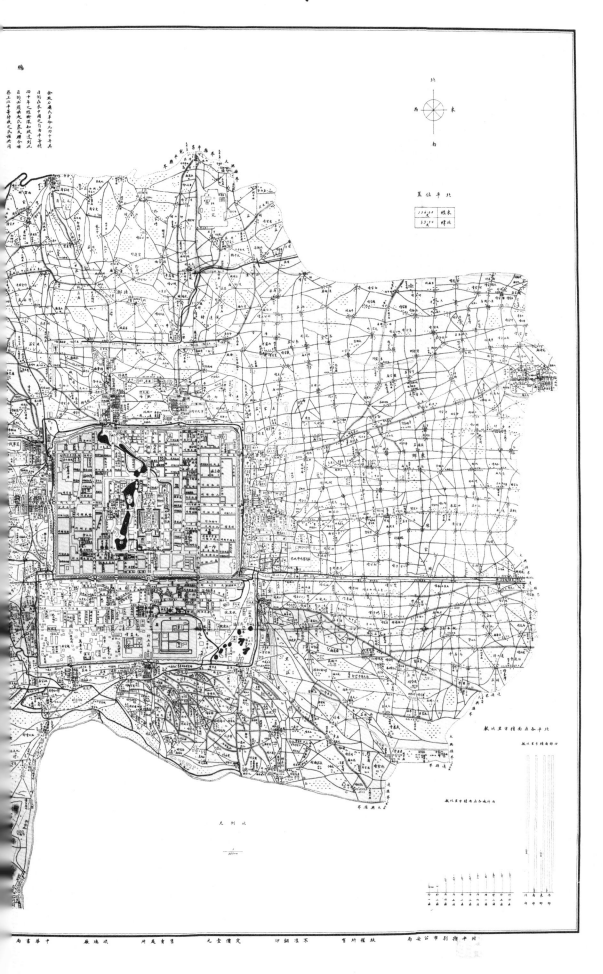

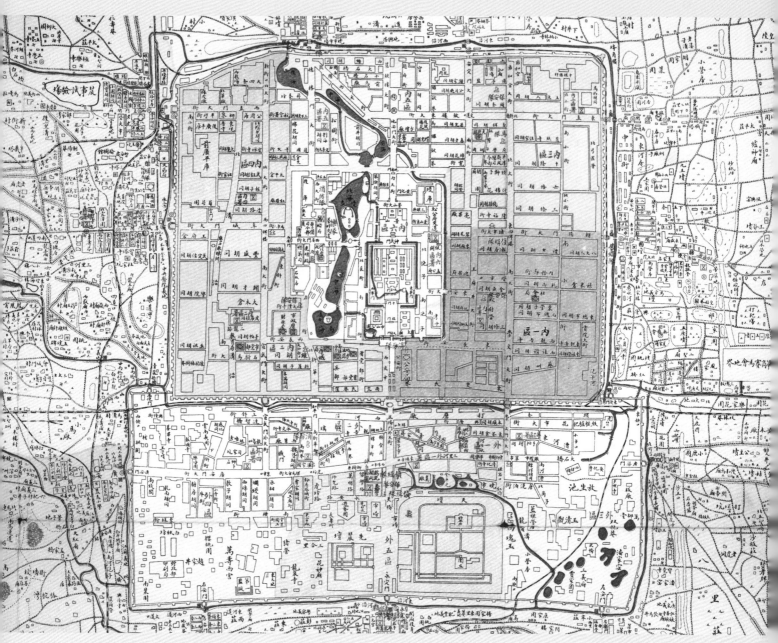

北平特別市城郊地圖局部——城區地圖

内六區

内六區卷，共收録内六區六十一座廟宇的調查資料。皇城以内爲内六區。

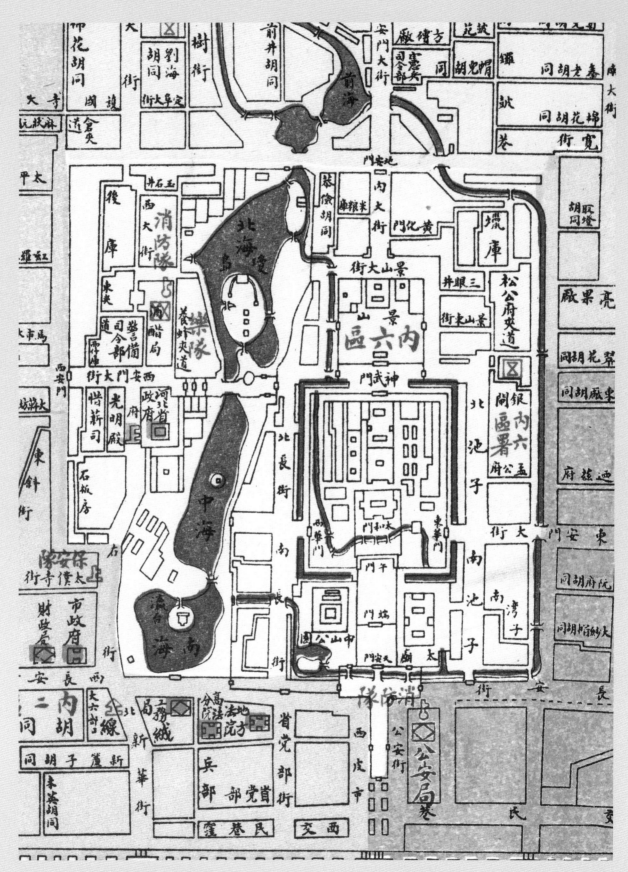

北平特别市城郊地圖局部——內六區

真武廟

【調查記録】

　　真武廟，東安門大街門牌四十五號。

　　山門南嚮，石門額"皇恩橋玄天觀。大清同治辛未重修。光緒乙酉年重修。民國十年重修，八月仲秋吉日立"。東小門一，内寓中醫，挂木牌"中醫閻仁溥診療所"。

　　山門前有大鐵鼎，"光緒二年四月吉日立。古□東安門内皇恩橋，北極玄天上帝廟"。

　　北殿三間，前木匾額"北極玄天上帝"，"大清光緒乙酉年敬獻"。又木匾額"威靈顯應。光緒十二年三月穀旦"。木柱聯"功德昭明□北闕；莊嚴示現近東華。民國十年六月，住持楊清叩"。内供真武一尊，在龕内，斜身，坐高五尺。童像四，立高三尺。左龕内關帝一尊，斜身，坐高四尺。周倉、關平侍立，高三尺。右財神一尊，斜身，坐高四尺。童像二，立高三尺。上像均泥塑。鐵磬二，"光緒十一年八月立。明海叩"。方銅爐四。又大方爐一，"光緒十一年七月初一日。北極玄天上帝"。西龕内娘娘塑像三尊，高二尺。童像二，立高一尺。東龕内小銅觀音四尊，高六寸。

　　殿左碑一，龍頭，箱座。陽額題"永垂不朽"，碑文云"于光緒十一年七月興葺，即于本年八月工竣。廟貌一新，改名玄天觀"，"工部尚書潘祖蔭撰并書"。碑陰爲題名。碑身高三尺二寸，寬一尺六寸，厚五寸。頭高一尺七寸。座高一尺五寸，寬二尺一寸，厚九寸。

　　右碑一，龍頭，箱座。陽額題"萬古流芳"，前有序，後爲助貲人題名，"辛酉之夏司市病橋高而改作，令移廟于橋之西壩下"。碑陰爲題名。碑之尺寸同左碑。

　　大鐵爐一，"光緒乙酉孟秋吉日敬獻。皇恩橋真武廟"。大鐵鐘一，"大清光緒乙酉年孟秋月吉日敬獻。皇恩橋真武廟"。小鐵鐘一，"道光十五年立"。旗杆一。

　　東西房各三間。南小耳房各一間。

住持道楊廉昆。

注 真武廟，又名玄天觀，位于內六區東安門大街45號。明末清初建在東安門內皇恩橋橋頭[1]。清同治十年（1871年）重修。清光緒十一年（1885年）重修後，改名玄天觀。民國十年（1921年），因橋過高影響市場而改建，遂遷建真武廟于此處。坐北朝南，廟內建築主要有山門、北殿及東西配房。供奉真武大帝、關帝、周倉、關平、財神、娘娘、觀音等。民國十八年（1929年）寺廟人口登記時有楊清等3人。

真武廟山門

[1]　北京市檔案館：《北京寺廟歷史資料》，北京：中國檔案出版社，1997年，第182頁。

真武廟北殿

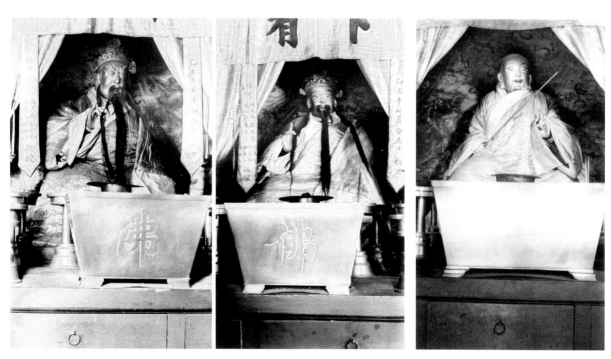

真武廟塑像

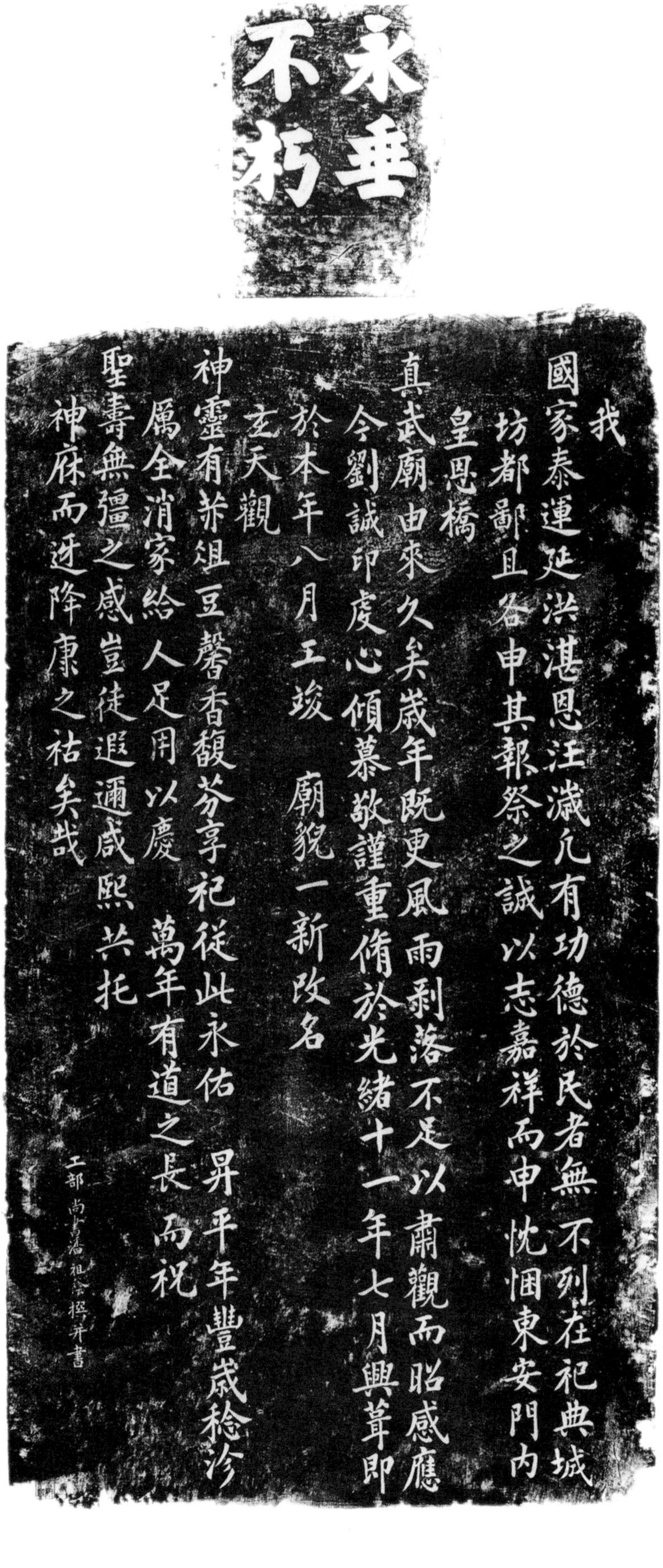

我

國家泰運延洪湛恩汪濊允有功德於民者無不列在祀典城

坊都鄙且各申其報祭之誠以志嘉祥而申忱悃東安門內

　皇恩橋

真武廟由來久矣歲年既更風雨剝落不足以肅觀而眙感應

今劉誠印虔心傾慕敬謹重修於光緒十一年七月興葺即

於本年八月工竣　廟貌一新改名

　玄天觀

神靈有赫俎豆馨香馥芳享祀從此永佑　昇平年豐歲稔汾

屬全消家給人足用以慶　萬年有道之長而祝

聖壽無疆之感豈徒遐邇咸熙芘托

神庥而迓降康之祐矣哉

工部尚書嘉祖會招并書

北平研究院

北平廟宇調查資料匯編【內六區卷】

○二四

重修真武廟碑（陽）

清光緒十一年（1885年）刻

拓片縱124、橫55厘米

我　國家泰運延洪湛恩汪濊凡有功德於民者無
不列在祀典城坊鄙且各申其報祭之誠以志嘉
祥而申忱悃東安門內皇恩橋　真武廟由來久矣
歲年既更風雨剝落不足以肅觀而昭感應令劉誠
印虔心傾慕敬謹重修於光緒十一年七月興葺即
於本年八月工竣　廟貌一新改名　玄天觀　神
靈有赫俎豆馨香馥芬祀從此永佑　昇平年豐
歲裕珍廳全消家給人足用以慶　萬年有道之長
而祝　聖壽無疆之感宣徒邇通咸豐共托　神麻
而運降康之祜矣哉

工部尚書潘祖蔭撰并書

永垂不朽 額

重修真武廟碑（陽）録文

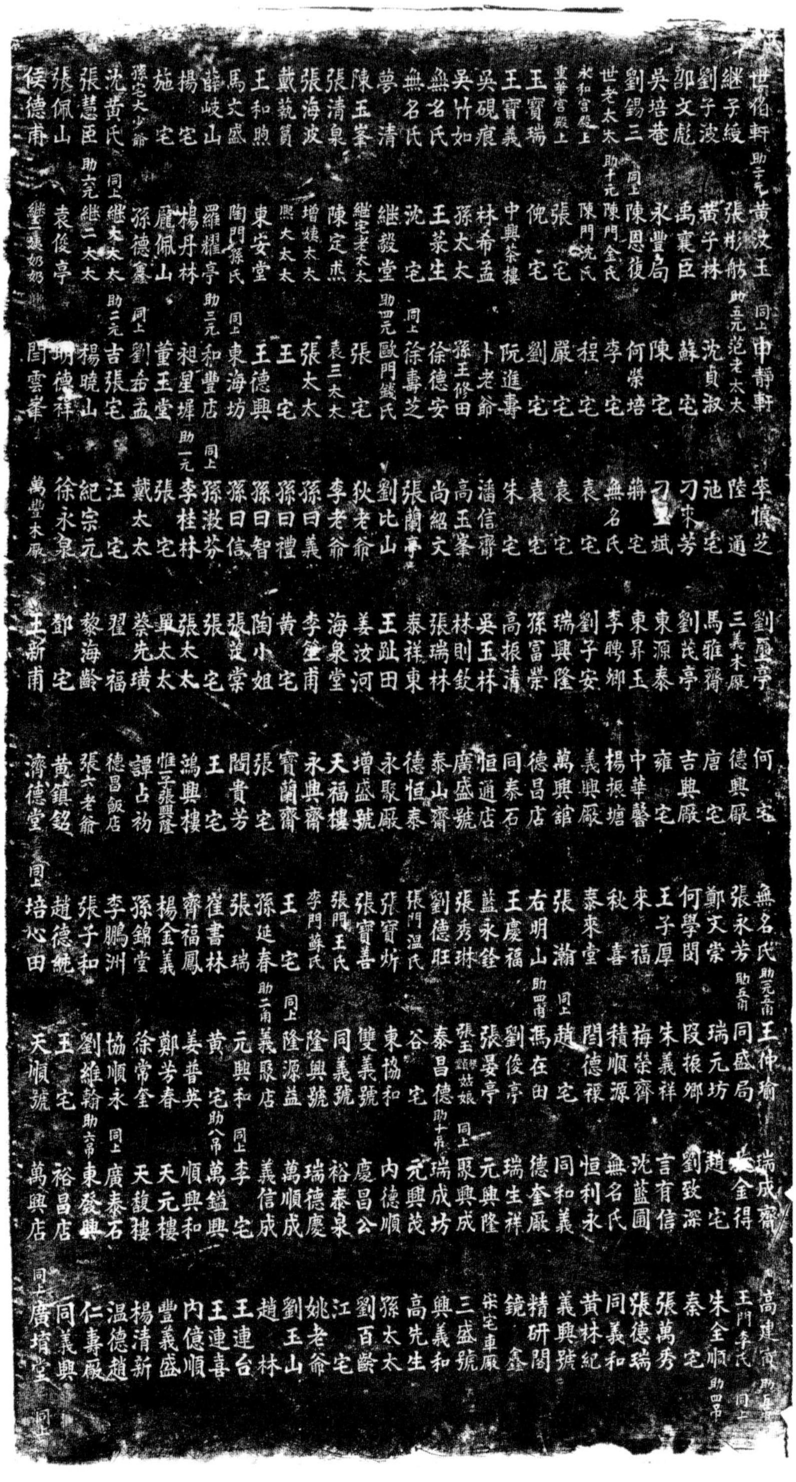

北平研究院
北平廟宇調查資料匯編【內六區卷】

重修真武廟碑（陰）

拓片縱98、橫53厘米

重修真武廟碑（陰）錄文（1）

世伯軒助二十元　繼子綬　刘子波　邵文龍　吳
培養　刘錫三助世老太太助十元　永和宮殿上　吳
重華宮殿上　王寶瑞　王寶義　吳硯痕　吳竹
如無名氏　無名氏　夢清　陳玉峯　張清泉
張海波　戴藝賓　王和照　馬文盛　薛岐山
助元元　張佩山　孫宅大少喬　沈黃氏同上　張慧臣
楊宅　施宅　侯德甫　黃汶玉同上　張彬船助玉元
元黃子林　禹襄臣　永豐局　陳恩後　陳門
金氏　陳門沈氏　張宅　倪宅　中興茶樓　林
希孟　孫太太　王茶生　沈宅同上　維發堂助鹽繼宅元繼二
老太太　陳宗杰　增俠太太　熙大太太　東安
堂　陶門孫氏同上　羅耀亭助元助二楊丹林　麗佩山　孫
德鑫同上　維大太太　元助二繼二太太　表俊亭　繼二
姨太太　申靜軒　范老太太　沈貞淑　蘇宅
陳宅　何榮培　李宅　程宅　嚴宅　刘宅　阮
進壽　卜老喬　孫玉修田　徐德安　徐壽芝
歐門錢氏　張宅　袁三太太　張太太　王宅
王德興　東海坊　和豐店同上　昶星琿助一董玉

重修真武廟碑（陰）錄文（2）

堂　刘希孟　吉　張宅　楊曉山　明德祥　閆雲
峯　李慎芝　陸通　池宅　刁永芳　刁玉斌
蔣宅　無名氏　袁宅　袁宅　米宅　狄山
信齋　高玉峯　尚紹文　張蘭亭　刘此山
老爺　李老爺　孫日義　孫日禮　孫日智　孫
日信齋　孫澂芳　李桂林　張宅　戴太太　汪宅
紀宗元　徐永泉　萬豐木廠　刘宝亭　三義水
廠馬雅齋　瑞昳隆　孫富榮　高振清　李昇玉
卿刘子安　東源泰　高振清　吳玉
林林則欽　張瑞林　泰祥東　王趾田　姜汝
河海泉堂　李笙甫　黃宅　陶小姐　張茂章
張宅　張太太　單太太　蔡先璜　羅福　黎海
齡　鄧宅　王新甫　何宅　德興廠　唐宅　吉
央廠　雍宅　中華馨　楊振塘　義興廠　萬昳
館　德昌店同上　恒通店　廣盛亭　泰山
齋　德恒泰　永聚廠　增盛号　天福樓　永昳
齋　寶蘭齋　張宅　閏貴芳　王宅　鴻昳樓
惟一子張奐隆　譚占初　無名氏助元五角　張六老爺
黃鎮銘　濟德堂同上　德昌飯店　張永
芳助五角　鄭文崇　何學閏　王子厚　來福

秋喜　泰來堂　張瀚同上　右明山助四角　王慶
福　藍永銓　張秀林　刘德旺　張門溫氏　張
寶炘　張寶善　張門王氏　李門蘇氏　王宅同上
孫延春助二角　張瑞　崔書林　齊福鳳　楊金義
孫錦堂　李鵬洲　張子和　趙德純　培心田
王仲瑜　同盛局　瑞元հ　段振鄉　朱義祥
梅榮齋　精順源　閆德祿　趙宅　馮在田　刘
俊亭　張晏亭　張玉璽姑娘同上　泰昌德助十吊
谷宅　東協和　双義号　同義号　隆興号　隆
源益　義聚店　元興和同上　黃宅助八吊　姜普英

鄭芳春　徐常奎　協順永同上　刘維翰助六吊　王
宅　天順号　瑞成齋　口金得　趙宅　刘致深
言有信　沈藍圃　無名氏　恒和永　同和義
德奎廠　瑞生祥　元興隆　聚興成　瑞成坊
元興茂　內德順　慶昌公　裕泰泉　瑞德慶
萬順成　義信成　李宅　萬義興　順興和　天
元樓　天馥樓　廣泰石　東發興　裕昌店　萬
興店同上　高建寅助五吊　王門李氏同上　朱全順助四
吊　秦宅　張萬秀　張德瑞　同義和　黃林紀
義興号　精研閣　鏡鑫　宋宅車廠　三盛号

重修真武廟碑（陰）録文（3）

興義和　高先生　孫太太　刘百齡　江宅　姚
老爺　刘玉山　趙林　王連台　王連喜　內德
順　豊義盛　楊清新　溫德趙　仁壽廠　同義
興　廣墳堂　同上

重修真武廟碑（陰）録文（4）

萬古流芳

蓋聞捐貲成美大千界廣種福田作善降祥三十天同滋惠露皇城東

安門內有石梁焉曰皇恩橋明陳偉客應偶談。謂中官初公選過此即

受皇恩也訛為忘恩後以忘恩非義改為望恩其上故有

玄天上帝廟捍災禦患惠靈應昭彰每歲時伏臘龍懸燎照焕如也辛酉之夏

司市病橋高而改作令移廟於橋之西堧下工程既大官費無多仰蒙

諸大善信慷慨解囊共成義舉不有表揚烏能傳信謹將助貲

台銜姓氏臚列如式勒垂久遠俾信來茲云

領官費　王孝棠　陸柒陳慶　肆伯捌拾圓

引善人

關銓林並搭住代募住沙井胡同五號助洋壹百圓

朱宅東四五條月牙胡同　助洋壹百圓　宋献卿　永順興　天興齋　王孝棠　陸柒　陳慶

敦仁堂　助洋陸拾元　長泰石　德茂永　張德山　蔡吉意祥　趙順

陶宅老太遣孀助洋叁拾元　薛永錫　三元濟生堂　利源當　孫文英　沈榮光　楊文彬

隆順花厰五元　趙春喜　盧廣敏　金華館　德華樓　王德山　張德永

傳心齋　松銳　任文桂　六合棧　陳文榮　李宗漢　張德永

勵順慶　楊文茂　孟廣信　東興樓　王得福　李陌忠　崔德崑

沈桂亭　徐玉敏　王全祿　瑞生號　邢斌　田文禎

鍾祥宸　于焕章　元興順　東源龍　曹輔臣　孫德祿

南文厚　王鈞　延少伯　雙盛東　王全德　孫永福

清泉　泰　劉士林　聚慶奎　永順號　萬珍齋　張玉珩

義順棚舖　余寬　會元館　三和居　義和齋　何順桂　羅海

吉祥　榮興泉　合興魁　德興帽店　劉靜芝　金星垣　住持楊清叩　連

真武廟助貲題名碑（陽）

民國十年（1921年）刻

拓片縱115、橫56厘米

真武廟助貲題名碑（陽）録文（1）

蓋聞捐貲成美大十界廣種福田作善降祥三十天
同滋惠露皇城東安門內有石梁焉曰皇恩橋明陳
僖客魁偶談謂中官初入選過此即受皇恩橋也訊為
忘恩後以忘恩非義政為望恩其上故有
玄天上帝廟捍災禦患靈應昭彰每歲時狀臟禧懸燈
照煥如也辛酉之夏司市病橋高而政作令移廟扵
橋之西埦下工程既大官貲無多仰蒙諸大善信懷
慨解囊共成義舉不有表揚烏能傳信謹將助貲

台銜姓氏臚列如式勒垂久遠俾信來茲云
領官賈肆伯捌拾圓引賢閔銓林益担任代暮佳沙井
胡同五號助洋壹佰元　朱宅東四五條月牙胡同
助洋壹百元　敦仁堂助洋陸拾元　陶宅老太太
迤茲府助洋叁拾元　隆順花厰　五元　傅心齋
勸順慶　沈桂亭　鍾祥宸　南文厚　清泉　義
順棚鋪　趙春喜　松銳　楊文茂　徐玉敏　王
寬　余鈞　奉寬　吉祥　全上　薛永錫　三元　盧
廣敏　任文桂　盂廣信　王全祿　全上　延少伯
二元　于煥章　劉士林　會元館　區宅二十元

真武廟助貲題名碑（陽）録文（1）
注：碑陽額爲“萬古流芳”

真武廟助貲題名碑（陽）録文（2）

宋獻卿　長泰石　濟生堂　金華館　東興樓
瑞生號　元興順　聚慶奎　三和居　合興魁
榮泉　永順興　德茂永　利源當　德華樓　六
合棧　全上　東源龍　一元　元興盛　雙盛泉　永
順號　義和齋　德興帽店　天興齋　張德山
孫文英　陳文英　王得福　王和春　王全德
曹輔臣　萬珍齋　金星垣　劉靜芝　全上　王孝
棠六毛　蔡吉祥　蔡吉意　沈榮先　王德山
李宗漢　邢斌　謝好義　孫德祿　羅海　何順
趙桂　陳慶　趙順　楊文彬　張德永　李頤忠
田文禎　崔德昆　孫永福　張玉珩　全上　住持
楊清叩　連壂　連海　連源

真武廟助貲題名碑（陽）録文（2）

真武廟助貲題名碑（陰）

胡桂陳罪　張啟昌一元　王樹堂合成　聚七伯塊　陳隆瑞春　忍昌　同興　興祥館　永莊曹杜染書吳莊鄭俞吳吳周敬無聞異軒
　　　　　　　　　　　　　　　　　　　　　祥摟　永號　莊德厰　福宅　順宅　濤　宅　宅　盛清　一信　三宅　宅　敬名氏

佩山堂一元　孫用震一元　宋化澄二元　　東鈺興河隆堂　東興隆齋　長張安永泰　吳潤堂　公源興號　丈泰成林齋　東義源店　泰寶成　魏書明　侯志祥　張福祥　聶全慶　王德元　鄭廷明　段有寬　　江定　薛來珍　來珍定

梁來富四吊　香桂森一元　　馮裕同恒通東湧復同天英鴻慶德中天泰天長天雙李張彼　同成
　　　　　　　　　安宅　和堂聚義元利元華康義茂亨山盛順佑順錫居宅宅祥　館

永泰號四吊　曹俊民一元　洪德成宅永　戴德掌櫃　源和興記　興順記　廣利湧　福天成　天祥齋　福振佑　啟永珍　崇寶　益天元　慶佩有　天珍　永順仁　永號堂　泰源細舖　崇盛雜貨　義順齋　恒聚局

胡宅四元　　夏門曾氏一元　柯鴻年岩　楊松啟　瑞李宅　周宅　張宅　公同合局　萬東興局　東濟順　同悅義圓　級東陸軒　德華瑞公　湧成齋　白汝舘　萬佑齋　天成堂　德華聚永　公興興和局　合恒聚

陳德福一元　嚴宅三元　　余阿太一元　東長舘　何文清　張成立　李連會　李恒普　郭錫珍　張文龍　劉氏　馮禧順　張來曾　劉培林　王源成　王和當　王德厰　日新昌　吉新貴　趙順三　孫玉明　榮梅亭　劉益子貴　張　陳　劉次泉永

王雨亭四吊　　　曹太太一元　杜英濤　龐玉全　高如秀　劉趙成存　王德起　李恩瑞　張連瑞　李文明　馬治連壽　孫永王秀　張德讚　焦可恩榮　溫崇秀　滿德清　徐恩　孫松合　呂恩記　王興　裕隆　文炳臣　朱德隆號　楊松泉

劉星五　　黃福生五五吊　　劉連公太太　李振太　劉榮庭　李雅庭　車根軒　穆瑞平　李太山臣　乾子沛　王文　田喜　來福全　白子趙　紀臣　玉長廷　王實之　王振文　穆德祥　王興漢　長興號合　洪豐勵　李盛　劉奎三

韓文煥四五吊　　郭菜興五元　永和戌　義聚號　天順號　福掌齋　吉掌風　何志侯　張有櫃　于慶祥　趙萬山　義寶青　李進喜　姚鳳龍　張萬氏　劉永永　馮徐洪宅　曹恒王　孫氏　鄒掌明　段櫃　金洪　董克臣

拓片縱 99、橫 56 厘米

〇三一

聞異軒助二元 無名氏同上 敬宅助一元 周
宅 吳信三 吳一清 俞宅 鄭宅 莊宅仝上 吳
宅助五角 書宅助八吊 梁宅助五吊 杜濤仝上 曹宅助四吊 莊宅助四吊 永盛號
祥陞廠 興順號 同福樓 忍德館 陳瑞林
裕隆昌 王德春 聚合成 王樹棠五七百塊
張啟昌一元 胡桂傑四吊 薛來珍 江宅 段
有寬 鄭廷祥 王明 聶全元 張德慶 侯志
祥 魏福祥 秦書明 義泰成 東寶成 秦源
店 文林齋 源成號 公興號 吳潤生 張永
順 長安堂 東三泰 鈺隆齋 東河堂 內興
隆 香薷軒同上 宗化澄一元 孫用震一元 佩山
堂一元 同成館 復錩祥 張宅 李宅 雙順
居 天佑齋 長順永 天盛永 泰山號 天亨
廠 中茂盛 德義長 慶康莊 鴻順 英華局
天興店 同義泉 復元湧 湧利齋 東泰山
通聚和 恒隆號 同安堂 裕和祥同上 馮宅
一元 喬桂森一元 梁來富四角 泰源棚鋪
崇盛染坊 永仁堂 永順號 佩珍樓 慶元成

真武廟助貲題名碑（陰）録文（1）

天有樓 益泰盛 榮寶齋 永珍樓 啟泰店
振興義 福興源 祥宜坊 天佑號 福豐祥
廣天成 順利廠 興記號 和順成 源聚湧
東興昌 戴掌柜 德成永仝上 洪宅一元 曹
俊民一元 永泰號四吊 義順齋 恒聚店 合
興局 公興和 天聚永 德華齋 天佑堂 萬
成號 白汝麟 湧泉號 德瑞齋 東華館 紱
陞齋 同義公 東悅軒 東興順 萬春園 同
濟局 公興合 張宅 周宅 李宅 瑞啟 楊
松岩同上 柯鴻年 夏門曾氏一元 胡宅四元 嚴
宅二元 陳德福一元 余阿大一元 東長館
何文清 張成會 李松立 李連普 郭恒新助
二吊 張錫珍仝上 劉文龍 馮氏 張禧順 刘來
恪 王培增 王培林 玉源成 德和當 日新
廠 吉順昌 趙玉亭 孫梅亭 榮貴 刘益三
張子明 陳永 刘次泉 楊松泉 德隆號 朱
炳臣 文記 裕興合 王恩清 呂松秀 孫恩
榮 徐可讀 滿德玉 溫崇秀 焦德玉 張永
壽 孫文連 馬治明 李連瑞 張恩瑞 李成
起 王德存 趙吉順 刘如榮 高玉秀 龐英

真武廟助貲題名碑（陰）録文（2）

真武廟助貲題名碑（陰）録文（3）

土地祠

【調查記録】

土地祠，磁器庫門牌九號。

門南嚮，内木門額 "土地祠。中華民國四年五月吉立。劉程九敬書"。

廟一間，南嚮。内供土地夫婦像，坐高五尺。童像四，立高三尺。上像均泥塑。銅菩薩一尊，高一尺。吕祖塑像一尊，高六尺。鐵磬一。鐵爐一，"同治六年四月十五日"。又鐵爐一，"光緒二十九年七月穀旦。土地祠"。

東房一間。殿西小耳房一間。

崔曹氏管理。

注　土地祠，又稱土地廟，位于内六區磁器庫9號。始建于清光緒二十九年（1903年）[1]。山門南嚮，内有正殿一間。供奉土地夫婦、菩薩、吕祖。民國十八年（1929年）寺廟人口登記時由崔曹氏看管。

［1］　北京市檔案館：《北京寺廟歷史資料》，北京：中國檔案出版社，1997年，第252頁。

土地祠祠門

土地祠正殿

關帝廟

【調查記録】

關帝廟，葡萄園門牌六號。

門南嚮，内廟一間，像已損壞不存。院内有旗杆一根，東小棚一間。

現爲韓容華住居。

注 關帝廟位于内六區東安門内葡萄園6號。始建年代不詳。門南嚮，院内有殿一間，旗杆一根。原供奉關帝，調查時已無神像，爲韓容華住所。

關帝廟及院内旗杆

普樂院

【調查記錄】

普樂院，普渡寺前巷門牌八號。

山門南嚮，木門額"普樂院。民國二十年四月吉日，普度寺重修"。木牌"內六區第一、二自治坊組合公所"，又"內六自治區第一、二坊民衆小學校"。

北殿三間，木額篆書"法輪流慶。江德量書"。內供關帝一尊，坐高四尺。周倉、關平立像，高二尺。藥王、財神各一，坐高四尺。童像四，立高二尺。各像均泥塑。鐵五供一分，"宣統庚戌年孟夏立"。關帝一尊，坐地下，高三尺。周倉、關平立像，高二尺。馬童各一，高二尺。馬王、火神各一，高三尺。童像四，立高二尺。上像均泥塑。前懸鐵鐘一，"宣統庚戌年孟夏立"。

東房三間，住房。西房三間，學校教室。東北隅北房二間，西北隅北房二間，教室。

院內柏樹三株。鐵鼎一，"嘉慶十九年閏二月敬獻。普慶達喇嘛。普樂院。信士弟子王希舜每逢朔望日候衆善進香謹白"，高五尺。

此院爲普度寺下院。

注 普樂院位于內六區普渡寺前巷8號。始建年代不詳。院內有清"嘉慶十九年"（1814年）年款鐵鼎。民國二十年（1931年）重修。坐北朝南，院內建築主要有山門、關帝殿及東西配房。供奉關帝、周倉、關平、藥王、財神、馬王、火神。普樂院爲普度寺下院。民國十八年（1929年）寺廟人口登記時有那森巴圖1人。

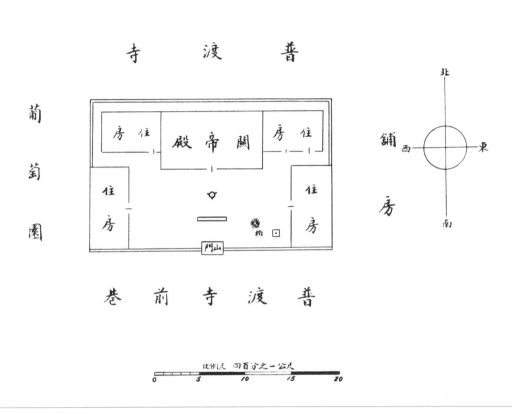

普樂院全部平面圖

原圖比例尺：1∶400

原圖單位：米

原圖尺寸：縱 13.1、橫 15.5 厘米

普樂院院門

普樂院院門及外墙

普樂院關帝殿

普樂院關帝殿

庫神廟

【調查記録】

庫神廟，緞庫前巷門牌八號。

門北嚮，内寓玉記天興油漆作。

前院南房二間。

西院西殿三間，左右耳房各一間，内供庫神、財神、土地各一尊，泥塑，坐高五尺。鐵五供一分，"大清嘉慶三年荷月"。木聯"司繒縑以操出納玉宇生輝；秉貢賦而掌權衡瓊林焕彩"。大鐵磬一。童像六，泥塑，立高二尺餘。

南北房各一間。古榆一株。鐵鼎一，"大清乾隆四十一年四月　日吉旦"，又"大清乾隆四十六年冬月重造"，上有"三佛寶鼎"字，高五尺。

何姓看管。

注　庫神廟位于内六區緞庫前巷8號。緞匹庫爲清代户部所屬三大庫之一，位于普度寺南，庫神廟應與緞匹庫建庫有關。清雍正九年（1731年）重建[1]。廟門北嚮，西殿三間。供奉庫神、財神、土地。

[1]　許道齡：《北平廟宇通檢》，北平：國立北平研究院，1936年，第90頁。

庫神廟廟門

北平研究院

北平廟宇調查

資料匯編

〖内六區卷〗

庫神廟庫神像

庫神廟鐵鼎

普度寺

【調查記録】

普度寺，普渡寺前巷門牌六號。

鐵柵欄門南嚮，建立高臺上，前爲萬聚永煤棧，又北平市井業同業公會。

山門前殿三間，内木匾額"普度寺"，四體文字。天王四尊，泥塑，高一丈二尺。雲板二，一"宣統二年二月立。普度寺。給事中誠壽敬獻"，另一"宣統二年二月立。普度寺。給事中誠壽重修"。

院内柏樹三十餘株，東西成行。槐樹四株。旗杆二。鐵鼎一，"大明萬曆四十年歲次壬子四月初十日鑄造"，高丈餘。院内化字庫一。

北殿三楹，甚大，木匾額"慈濟殿。乾隆御筆"，四體文字。内供釋迦佛三尊，銅像金身，高五尺，連座光高一丈二尺。前又釋迦佛一尊，銅像金身，坐高四尺，連座光高八尺。童像二，銅像金身，立高五尺。貼金木龕六，上爲塔形，高六尺。内供十八羅漢，泥塑，高一尺。每龕三尊。紙額"覺海慈航。乾隆御筆"。絹聯"能仁遍護大千功德分明證西竺；調御普持一切莊嚴示現近東華。乾隆御筆"。前小鐘大木架一，工細。鼓一。銅鐘一。木轉塔一，即法輪，可以轉迴。銅大海燈二。木柱子四，高丈餘。仿古銅五供一分，"大清乾隆年造"。木鳳眼香二，立高一丈五尺，徑三寸。木靈芝山二，木假山二，均高六尺。藏經箱六，經一部，原一百零八部，現不全。

西殿一間均經箱。木五塔一，上置小佛，工細，中塔高一丈六尺，與五塔寺形狀同。銅五供一分，"大清乾隆年造"。木果供盤二。又松暈銅佛一尊，六手銅佛一尊，銅達摩一尊，高一尺餘。又木羅漢一尊，坐高二尺。三大士三尊，連獸高六尺，泥塑。木刻纓絡四。獸面銅佛一尊，多臂多手，高八尺，連座光高一丈五尺，係凶惡。小銅磬二。木假山二，木靈芝山二，高均六尺。

東殿内供護法佛五尊，藍面三眼，像甚可畏，泥塑，高五尺。從神二，泥塑，立高六尺，穿袍子坎肩。銅五供三分，"大清乾隆年造"。

大銅海燈一。木果供盤四。紙烏鴉四，紙虎二，紙豹二，紙狗熊二，紙羊二，紙狗二，紙狼二，均内木外紙。

　　據云攝政王多爾袞的盔甲原存此廟，現已送至古物陳列所陳設。

　　住持喇嘛陳則清、錢竹溪。

注　普度寺，即普渡寺，位于内六區普渡寺前巷6號，俗稱瑪哈噶喇廟。此處曾是元代太乙神壇、明代南城舊宫遺址。清順治初年改建爲睿親王多爾袞府。康熙三十三年（1694年）改建爲瑪哈噶喇廟。瑪哈噶喇，又稱大黑天，是藏傳佛教的護法神，後又成爲滿族的戰神。乾隆年間（1736～1795年）此處廟宇名爲"啞滿達嘎廟"[1]。乾隆四十年（1775年）重修，後改名普度寺[2][3][4]。坐北朝南，寺内建築主要有山門殿、慈濟殿。調查記録記載慈濟殿面闊和進深不准確。慈濟殿實際面闊七間，前出廈五間，進深三間，四周環以36根檐柱[5][6]。供奉四大天王、釋迦佛、十八羅漢、六手銅佛、達摩、羅漢、三大士、獸面銅佛、護法佛、紙烏鴉、紙虎、紙豹、紙狗熊、紙羊、紙狗、紙狼等。民國十八年（1929年）寺廟人口登記時有錢蓮舫等12人。

［1］　第一歷史檔案館、故宫博物院編：《清乾隆内府繪製京城全圖（第三函）》，北京：紫禁城出版社，2009年，217-9Z4b。
［2］　許道齡：《北平廟宇通檢》，北平：國立北平研究院，1936年，第92頁。
［3］　譚孝伊編著：《北京文物勝迹大全·東城區卷》，北京：北京燕山出版社，1991年，第103頁。
［4］　國家文物局主編：《中國文物地圖集·北京分册（下）》，北京：科學出版社，2008年，第31頁。
［5］　譚孝伊編著：《北京文物勝迹大全·東城區卷》，北京：北京燕山出版社，1991年，第105頁。
［6］　國家文物局主編：《中國文物地圖集·北京分册（下）》，北京：科學出版社，2008年，第31頁。

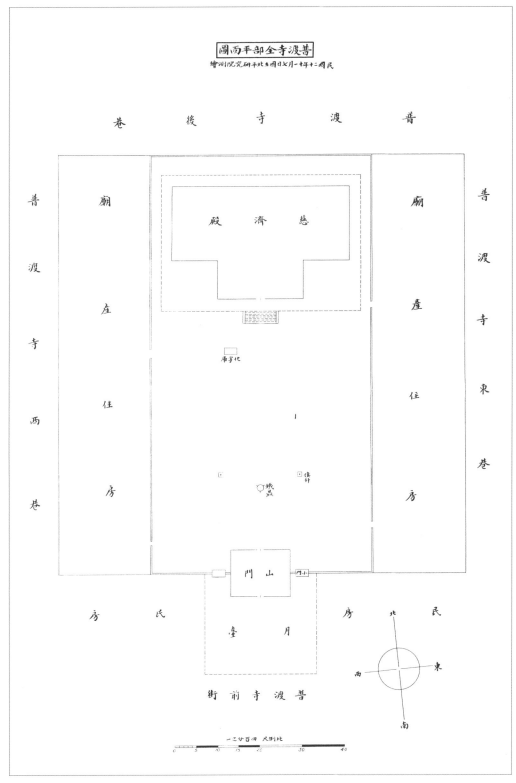

普度寺全部平面圖

原圖比例尺：1：400

原圖單位：米

原圖尺寸：縱 43.6、橫 28.5 厘米

注：圖中"普渡寺"即"普度寺"

普度寺慈濟殿

普度寺慈濟殿

普度寺慈濟殿

普度寺院內鐵鼎

普度寺院内柏樹

普度寺化字庫

普度寺慈濟殿釋迦佛像

北平研究院

北平廟宇調查資料匯編【內六區卷】

普度寺三大士像

普度寺木質五塔及經箱

普度寺東殿護法神

普度寺東殿內紙獸

北平研究院

北平廟宇調查資料匯編【內六區卷】

普度寺獸面銅佛像

堂子

（内六區 7 號，總編號 504）

【調查記録】

堂子，東河沿門牌四號。

柵欄大門北嚮，内有西房三間。朝西大門三間，上均黄瓦，照壁上黄龍凸出，甚美觀，四角亦龍。

北殿三間，上覆黄瓦，聞原有七仙女一尊畫像，布人二，現已無存。前有石臺。南爲甬路，通于亭。南八角亭一，上覆黄瓦，中空，五色綾挂紙錢。亭南爲七十三個石質立杆座，中間爲一大石座，東西各六行，每行六座，次序井然，即用松樹立其中，名爲祭杆子。其南有挂五色綾架七個，每架立于二石座中，現僅存四架。主祭人爲撒母太（滿洲語）。院内有井一眼。周圍群墻均覆黄瓦。南墻有門，院内有亭，式與前亭同。

柵欄門内向南，有一小院，内有東房一間，覆黄瓦。又南有南房三間，西房二間，爲庫房，均黄瓦。槐樹、椿樹各一株。

又東小院有西房二間，爲庫房，覆黄瓦。椿樹二株。

堂子現歸故宫博物院管。

注　堂子位于内六區東河沿4號。堂子爲滿語音譯，是對神廟的稱呼，是滿族人祭天、祭神、祭佛的公所，凡有重大政治、軍事活動時，均舉行祭堂子的儀式。堂子始建于清順治元年（1644年），原在長安左門外，御河橋東，即今臺基廠大街北口路西一帶。光緒二十七年（1901年），《辛丑條約》將堂子原址劃入使館區，清廷遂將堂子移建于南河沿。祭堂子的習俗一直到清宣統皇帝溥儀遜位纔結束[1][2]。堂子坐北朝南，院北側有柵欄大門。建築主要有大門、八角亭、北殿（七仙女殿）、净亭等。院内八角亭前有73個石質神杆座，中間大者是皇帝的神杆座，其東西兩側各有六行、每行六個小石座，分別屬于各皇子和王公貝勒等人。祭祀時立松樹製的神杆于石座中。

北平研究院

北平廟宇調査資料匯編【内六區卷】

〇五四

［1］國家文物局主編：《中國文物地圖集·北京分册（下）》，北京：科學出版社，2008年，第37頁。

［2］譚孝伊編著：《北京文物勝迹大全·東城區卷》，北京：北京燕山出版社，1991年，第224頁。

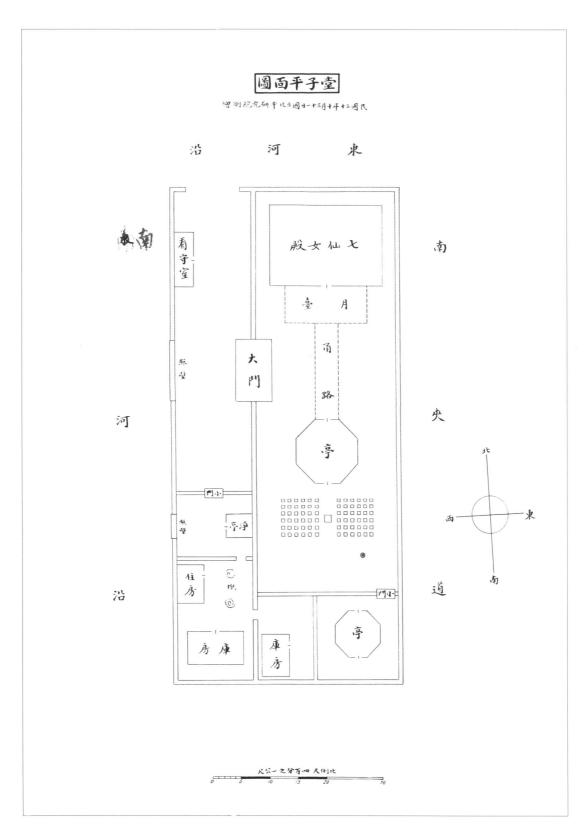

掌子平面圖

原圖比例尺：1：400

原圖單位：米

原圖尺寸：縱 33.1、橫 23.2 厘米

堂子栅欄大門

堂子大門

堂子大門前照壁

堂子大門前照壁

堂子北殿（七仙女殿）

堂子北殿（七仙女殿）

堂子北殿前八角亭

堂子八角亭頂部

堂子北殿前八角亭

堂子立杆座

堂子院内水井及木架

北平研究院

北平廟宇調查資料匯編〖内六區卷〗

堂子净亭

堂子净亭前照壁

堂子南院住房

娘娘廟

【調查記録】

娘娘廟，騎河樓門牌十四號。

門南嚮，前房三間，過道在内。

北殿三間，木匾額“慈航普度。嘉慶十四年歲次己巳九月吉旦立。弟子常文林誠修叩”。内供娘娘九尊，泥塑，坐高五尺，工細。童像二，泥塑，立高二尺餘。又童像二，泥塑，立高二尺。木五供三分。鐵磬一，“同治十三年九月吉立。娘娘廟。信女孟貴子敬獻”。又西有北房三間，爲住房。

殿左碑一，雲頭，箱座。陽額題“娘娘殿記”，首題“塑像碑”，“道光六年四月二十二日敬鐫”。陰額題“萬古流芳”，“敬施善資同人姓氏開列于左”，下列人名。碑身高四尺，寬一尺八寸，厚五寸。頭高一尺八寸。座高五寸，寬二尺六寸，厚一尺。

看廟人田世昌，此廟爲沙灘關帝廟下院。

注　娘娘廟位于内六區騎河樓14號。始建年代不詳。有記載稱此廟建于明代（1368～1644年）[1]。據廟内《塑像碑》記載，此廟于清道光六年（1826年）重修。坐北朝南，廟内建築主要有山門殿、娘娘殿及配房。供奉娘娘像九尊。娘娘廟爲沙灘關帝廟下院。民國十八年（1929年）寺廟人口登記時有來振1人。

［1］　北京市檔案館：《北京寺廟歷史資料》，北京：中國檔案出版社，1997年，第455頁。

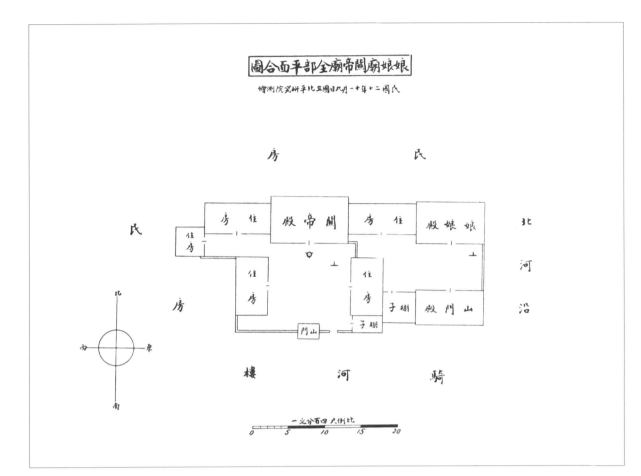

娘娘廟、關帝廟全部平面合圖

原圖比例尺：1：400

原圖單位：米

原圖尺寸：縱 14.5、橫 19.8 厘米

娘娘廟山門殿

娘娘廟娘娘殿

娘娘殿記

塑像碑

母楷釋始於晉之道安于金為刻佛僧於車之明帝遂佛之場紺宇珠宮恭惠

自古順然上方梵刹任魚邊佛之場紺宇珠宮

娘娘遊仙之境福蒙菩薩

娘娘建威德熟祜蓮座通體瞻世嘉休做

之衰堂嚴叩首經共如其女間力醫由善士資助錢糧

盡出仁人合死恐修佛泉百浪望徐九面從

出世之墓不見我君等之福緣也致動于石一於不丁

娘娘保世祐存廟

道光六年四月二十三日敬鐫

北平研究院
北平廟宇調查資料匯編【內六區卷】

娘娘廟塑像碑（陽）
清道光六年（1826年）刻
拓片縱148、橫56厘米

塑像碑

娘娘殿記額

粵稽釋始于晋之道安于今為烈佛肇于漢之明帝

自古巋然上方梵刹俱為選佛之場紺宇珠宮毖是

遊仙之境竊窺等蒙

娘娘神光默佑遠共仰其殊徵　聖德陰垂適肓瞻其

嘉瑞於是塑像九尊從身六口晨昏嚴叩前之禮修

居七間山門一座出入凜拾頭之望繪畫殿宇定做

佛桌頂力皆由善士資助錢粮盡出仁人舍施恐年

湮日久泯

娘娘保世之靈不見眾君子之福緣也故勒于石以示

不朽云爾

道光六年四月二十二日敬鎸

娘娘廟塑像碑（陽）録文

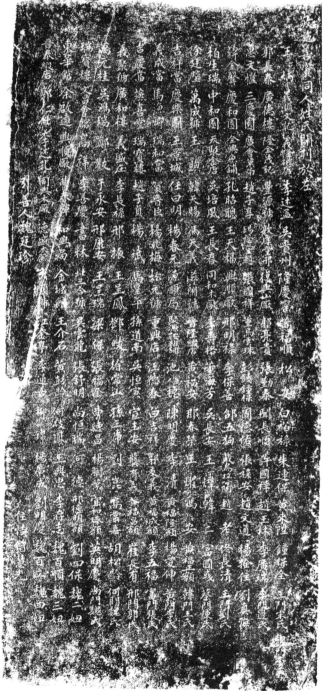

娘娘廟塑像碑（陰）

拓片縱149、橫56厘米

娘娘廟塑像碑（陰）録文（1）

萬古流芳（額）

敬施善資同人姓氏開列于左　王炳　郭長泰

惠文愷	吉慶當	蔣全聲	栢生瑞	徐廷璧	吉祥當
義成當	義聚號		萬元桂	瑞宝樓	
東華館	晉泰店	郭仁仕	余啟遠	文昌會館	
吳鴻瑞	廣和樓	燕喜堂	馬漁卿	慶樂園	
萬成號	中和園	慶和園	三慶園	廣德樓	
義順文記	義隆磁店	隆全茂記	廣會界局		
全興魚鋪	天聚金店	王照	王景城	瑞和當	
		義盛庄　鄭巖	高祥　興順敏	李述	
寶瑞樓		豐源號　趙子亭	孔昭聰	吳培	
孔李述盂		任四明　賀晉臣	趙子貞	李長	
風韓天賜		李善慶　曹春輝	同興木敏德		
禄于永安	書林　邢康安	邢振　楊甄			
盛木啟和興局	馮天義　王長春	王天福			
楊北梅　楊春元	吳貴州　隆慶窰　滋蘭號				
錫印堂趙　敦厚堂邢	興順敏　同和木敏				
山啟　張閏祥	馬星平　王呈鳳	王呈瑞			
源順局　松元號	黃禧順　郭亮貴				
北三合號　全城館	大順號				

娘娘廟塑像碑（陰）録文（2）

董烏雲珠	邢明禄	李壽格	晉隆緞店	聚源
鞍鞁鋪	重興店	孫道南	鄧綏　梁保	吳雪
龍　王介石	江金亭	李通善	黃彭齡　張舒	
明　張福奎	徐常山	吳恒寅	汪德春　池八	
穏　黃福安	董海芳	李保善	彭鑄鐘保	
勤泰　松安	邢春榮	蘭長順	周德佑	張
狗　吳長安	白裕禄	陳明慶	白吉祥　宣玉	
安　孫三床	曹德昌	苟恒瑞	何岐鳳　梛錦	
朱連保　許圍祥	張禄安	戴烏拉公阿	王煒	
王耀　李清　郭支義	龔有義	劉崑　楊樹葉		
何德　王興忠　楊廣成	劉明慶	李存志　邢		
德明額　宜和琫額	高常喜	黃福昌額　黃福		
成額　黃福額　馮安	韓二　趙老　趙文通			
趙玉林　黃來隆　鐘保全	李廣瑞　楊愛仲　李五福			
佟長淯　富圍彧　黃福正額	楊愛仲　尚門魏氏			
崔長友　胡松齡　英明慶　劉四保　魏百順				
魏百立　魏四妞　魏三妞　劉四保　尚門魏氏				
何門魏氏　邢門郭氏　富門張氏　黃門李氏				
韓門王氏　蔡門陳氏　王門劉氏　劉真海				
門邊氏　王門宋氏　魏門李氏　引善人魏廷珍　住持僧慧先				

關帝廟

【調查記録】

關帝廟，騎河樓十五號。

山門南嚮，已堵閉。石門額"重修關帝古刹"。內設天德煤棧。

北殿三楹，木匾額"聖武光昭。大清乾隆三十五年閏五月吉旦立。弟子張明耀敬立"。內供關帝一尊，泥塑，工細，坐高五尺。周倉、關平立像，高五尺。又執劍塑像一，立高五尺。馬童各一，高五尺。上像均泥塑。木五供一分。

東西房各三間，南小棚二間。院內鐵鼎一，"康熙五十九年十二月初一日"，連座高五尺。

殿左碑一，雲頭，箱座。陽額篆"關帝廟記"，首題"重修騎河樓關聖帝君廟記"，"經始于乾隆三十四年八月，落成于是年十月"，"欽命巡視中城察院户科掌印給事中汪新"。陰額篆"萬古流芳"，下列敬施善資同人姓氏。碑身高三尺九寸，寬二尺二寸，厚四寸五分。頭高一尺七寸。座高四尺五寸，寬二尺八寸，厚一尺一寸。

西北隅北房三間，西房一間，槐樹一株。院內堆煤。

此廟爲沙灘關帝廟下院。

注　關帝廟位于內六區騎河樓15號。始建年代不詳。清乾隆年間（1736～1795年）此處已有"關帝廟"[1]。據廟內石碑《重修騎河樓關聖帝君廟記》記載，此廟于清乾隆三十四年（1769年）重修。坐北朝南，廟內建築主要有山門、關帝殿。供奉關帝、周倉、關平。關帝廟爲沙灘關帝廟下院。民國十八年（1929年）寺廟人口登記時有來振1人。平面圖見內六區8號娘娘廟。

[1]　第一歷史檔案館、故宮博物院編：《清乾隆內府繪製京城全圖（第二函）》，北京：紫禁城出版社，2009年，156-7Z4。

關帝廟山門

關帝廟關帝殿

關聖帝君廟記

自東安門而北沿銀閘河之西有關
帝廟為歲久傾頹幾掩於風雨者數矣予恭睹
簡命巡視中城每憑軾往來未嘗不愴然以鷦鷯
之者耳里人楊致和善士也所屑與廟鄰歲時禱祀父而益虔戊子秋懼廟須之日就萬棟善信未必無人特難于其倡
傾頹也慨然以身任首捨重資親董其役由是里之善信踴躍相光解橐傾囊
無所吝爰捨舊址鳩工尤村中建大殿三楹奉安
帝君聖像翼以配殿栢數如之以其餘方為觀音殿為齋堂為禪室次及廩寮庖湢一皆位
置秩如繚以周垣繪以黑堊鏤其俗金碧交輝鐘遠方之求福利而顒臻雲集者亦
莫不額手慶改觀為夫盛衰倚伏若非人事所能顒然使果得其久或倡之于前或武
持之于後則盛盛亦不致中衰試即今之僅願莊嚴回思昔日之荒涼寂
寞孰轉移是回不得不推人事之日起有功矣廟枕通衢輪蹄四達識者謂形勢阢便
靈爽式憑里人咸受其福夫里人之善信者數況里人之善信而為首捨
重賢親董其役以倡之者嶔廟旁饒隙地左右各為列肆者三應期取值香積是供始
將特之于後耶是役也經始于前或
乾隆三十四年八月落成于是年十月計費料合白金若干有奇舊理尚無記里人請即
記其事于舊碑其碑陰弁書捐助姓名以為勸
欽命巡視中城察院戶科掌印給事中汪新

北平研究院
北平廟宇調查資料匯編【內六區卷】

重修騎河樓關聖帝君廟記
清乾隆三十四年（1769年）刻
拓片縱143、橫68厘米
注：調查記錄記載此碑有碑陰，碑文中也記載碑陰書捐助者姓名，但未見有拓片。《北平金石目》、《北平廟宇碑刻目錄》、《北京圖書館藏北京石刻拓片目錄》等碑刻拓片著錄中均未見此碑碑陰的記載。

關帝廟記嶺

自東安門而北沿銀閘河之西有

關帝廟焉歲久傾頹幾飄搖於風雨者數矣予恭膺

簡命巡視中城每歲載往來嘗不咨嗟吟望謂鱗鱗

萬棟善信未必無人特難乎其倡之者耳里人楊致

和善士也所居與廟隣歲時禱祀久而益虔戊子秋

資親董其役由是里之善信踴躍相光解橐傾囊無

懼廟貌之日就傾頹也慨然以鼎新為己任首捨重

所否爰拓舊址鳩工庀材中建大殿三楹奉安

帝君聖像翼以配殿櫨數如之以其餘力為觀音殿為

齋堂為禪室次及廡寮庖湢一皆位置秩如纁以周

垣繪以異采鼓鐘具備金碧交輝雖遠方之求福利

而嚮臻雲集者亦莫不額于慶改觀焉夫盛衰倚伏

疑若非人事所能預然使果得其人或倡之于前或

持之于後則衰囷不難復盛盛亦不致中衰試即今

之偉麗莊嚴回思昔日之荒涼寂寞孰轉移是囷不

得不推人事之日起有功矣廟枕通衢輪蹄四達識

者謂形勢既便支幹復宜自茲

靈爽式憑里人咸受其福夫里人且受福況里人之善信

重修騎河樓關聖帝君廟記録文（1）

者歟況里人之善信而為首捨重貲親董其役以倡

之者歟廟旁饒隙地左右各為列肆者三應期取值

香積是供殆將持之于後耶是役也經始于乾隆

三十四年八月落成于是年十月計費料合白金若

干有奇舊碑尚無記里人請即記其事于舊碑其碑

陰并書捐助姓名以為勸　欽命巡視中城察院戶

科掌印給事中汪新

重修騎河樓關聖帝君廟記録文（2）

慧興寺

【調查記錄】

慧興寺，廟兒胡同門牌六號。

山門東嚮，石門額"慧興寺"。前院有南北房各二間。

後院西殿三楹，木匾額"布聖武"，木聯"義著乾坤千秋俎荳；忠昭日月萬古感靈"。內供關帝一尊，坐高六尺。周倉、關平立像，高四尺餘。上像均泥塑。左地藏王、如來等六尊木佛，高二尺。右財神、藥王、火神三尊，坐高四尺餘。執劍童一，立高四尺。馬童各一，高四尺。上像均泥塑。又童像八，南北各四分立，泥塑，立高四尺。鼓一。銅磬二。磁爐三。又大鐵磬一，"康熙三十四年十二月吉日造"。殿前懸鐵鐘一，無年月。

南北厢房各三間。鐵寶鼎一，"同治十一年四月吉日立。慧興寺。鍾粹宮壽膳房首領夏雙福誠獻"。

住持尼本義，傳臨濟宗。

注　慧興寺位于內六區廟兒胡同6號。始建于清康熙三十四年（1695年）[1]。坐西朝東，寺內建築主要有山門、關帝殿。供奉關帝、周倉、關平、地藏王、如來佛、財神、藥王、火神等。民國十八年（1929年）寺廟人口登記時有本義（女）等2人。

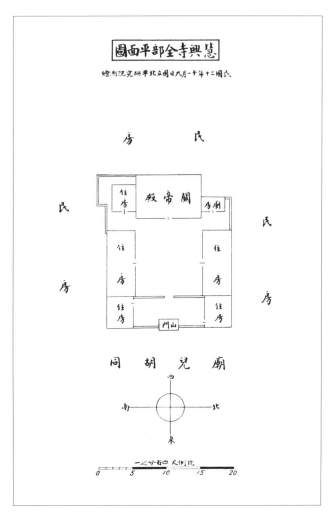

慧興寺全部平面圖

原圖比例尺：1：400

原圖單位：米

原圖尺寸：縱 17.4、橫 11 厘米

［1］　北京市檔案館：《北京寺廟歷史資料》，北京：中國檔案出版社，1997年，第212頁。

慧興寺關帝像

慧興寺關帝殿

關帝廟

【調查記録】

關帝廟，廟兒胡同門牌三號。

山門南嚮，北殿三間，木匾額"忠勇協天。中華民國二年二月，鄭英啓"。内木額"時千古"。内供關帝一尊，金面，坐高八尺。周倉、關平侍立，高六尺。又立像三，執盔帶劍，高六尺。馬童各一，高五尺。上像均泥塑。木五供一分。鐵磬一，"大明萬曆甲辰年八月吉日造"。

東耳殿一間，内供娘娘三尊，坐高五尺。童像六，立高二尺餘。均泥塑。木五供一分。

東小房四間。南小房二間。院内槐樹三株。鐵鼎一，"大清康熙三十三年夏季日造。信官德格禮供奉"。

鄭秀森家廟，李長宇管。

注 關帝廟位于内六區廟兒胡同3號。始建年代不詳。廟内有明萬曆三十二年（1604年）鐵磬、清康熙三十三年（1694年）鐵鼎。坐北朝南，廟内建築主要有山門、關帝殿。供奉關帝及周倉、關平、娘娘。關帝廟爲鄭秀森家廟。

關帝廟山門

關帝廟關帝殿前鐵鼎

凝和廟

【調查記録】

凝和廟，即雲神廟，北池子大街門牌二十五號。

柵欄門西嚮，木牌"内六第一公駐所"，内有南房二間。

東有殿三間，即山門，南嚮，無佛。石門額"敕建凝和廟"。殿上檐脊均覆綠瓦，中爲黄瓦。南有大照壁一，上覆瓦與殿同。東有北房三間，南房三間。東西各有旗杆一，西剩旗杆座。東鼓樓一。西鐘樓一，上有銅鐘一，高四尺。

第二層北殿三間，爲警察第四段退息室。

第三層北殿三間，木匾額一方"興澤昭彩"，印章"雍正御筆之寶"。内供雲神一尊，泥塑，坐高八尺，工細，手執笏板，木主題"順時普蔭雲師之神"。木五供一分，小木、泥佛二十餘尊。童男女各二，侍立左右。男，一執扇，一執如意；女，一執盒，一執瓶。大將二，亦分立左右，一執旗劍，一執葫蘆。木魚一。銅鐘一，"正德十二年造"。鼓二。殿東西各群房十間，西房爲辦公室。

第四層北殿五間，已無神像，現爲飯房及警察加設退息室。

以上四層殿上覆之瓦，均係檐脊爲綠色，中間爲黄色。

東有北殿三間，正供火神一尊，泥塑，已殘，坐高六尺。童像二，立高三尺。左藥王一尊，坐高四尺餘。童像四，立高二尺。右土地夫婦，坐高四尺餘。童像二，立高二尺。馬童各一，高六尺。上像均泥塑。房已將傾圮。

西有北殿三間，内供娘娘五尊，立高六尺，已殘。童像十，立高六尺，已殘。又男像一，高六尺。小童子泥像一百餘。方鐵爐一。

注 凝和廟，俗稱雲神廟，位于內六區北池子大街25號。清雍正八年（1730年）敕
建，以祀雲神[1][2]。柵欄街門朝西，廟坐北朝南，依次有照壁、山門、鐘樓、
鼓樓、天王殿、雲神殿、後殿、火神殿、娘娘殿及群房。供奉雲神、火神、藥
王、土地夫婦、娘娘等。

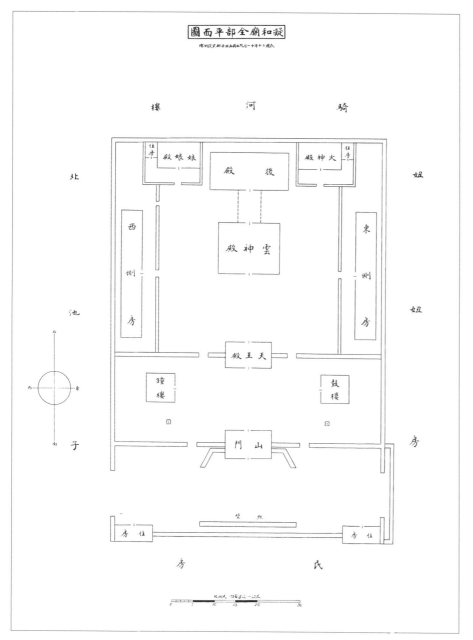

凝和廟全部平面圖

原圖比例尺：1∶400

原圖單位：米

原圖尺寸：縱35、橫25.3厘米

［１］ 許道齡：《北平廟宇通檢》，北平：國立北平研究院，1936年，第97頁。

［２］ 國家文物局主編：《中國文物地圖集·北京分冊（下）》，北京：科學出版社，2008年，第30頁。

凝和廟柵欄門

凝和廟山門

凝和廟天王殿和鼓樓

凝和廟鐘樓

凝和廟雲神殿

凝和廟雲神殿

北平研究院
北平廟宇調查資料匯編〔內六區卷〕

凝和廟後殿

凝和廟雲神殿前丹陛

凝和廟雲神像

凝和廟雲神像左側配像

凝和廟雲神像右側配像

宣仁廟

【調查記錄】

宣仁廟，北池子大街門牌三十六號。

門西嚮，懸木牌"北平醫師公會"，又"北平市公安局衛生試驗所"，南房三間。南有大照壁一。東有南房三間，懸木牌"北平醫師公會事務所"。

第一層北殿三間，即山門，原門額被"北平醫師公會"木額所遮蓋，内空閑。院内榆樹一株。

第二層北殿三間，木額"辦公室"。東西各有旗杆一。東鐘樓一，有銅鐘，高六尺。西鼓樓一，有大鼓，徑二尺。院内懸銅鐘一，"大清雍正己酉年製"。

第三層北殿三間，上有木匾額"協和昭泰"，印章"雍正御筆之寶"，現爲病理檢查室，置横木牌并標英文。内有四柱大龕，金龍，供風神一尊，泥塑，坐高八尺，手執笏板，木主題"應時顯佑利濟風伯之神"。木五供一分。東西群房各九間，東爲消毒室等處，西爲第二陳列室等處。

第四層後殿五間，内剩四柱木龕，金龍三個，無神像，堆置物件。東有北房三間，西有北房三間，爲藥品存儲室。

此廟建築形勢與雲神廟相同。

注 宣仁廟，俗稱風神廟，位于内六區北池子大街36號。清雍正六年（1728年）敕建，以祀風神。清嘉慶九年（1804年）重修[1][2]。廟門西嚮，主要建築坐北朝南，依次有照壁、山門、鐘樓、鼓樓、天王殿、風神殿和後殿等。供奉風神。宣仁廟形制與凝和廟（雲神廟）相同。本次調查時，宣仁廟已被北平醫師公會使用。

[1] 許道齡：《北平廟宇通檢》，北平：國立北平研究院，1936年，第87頁。
[2] 國家文物局主編：《中國文物地圖集·北京分册（下）》，北京：科學出版社，2008年，第30頁。

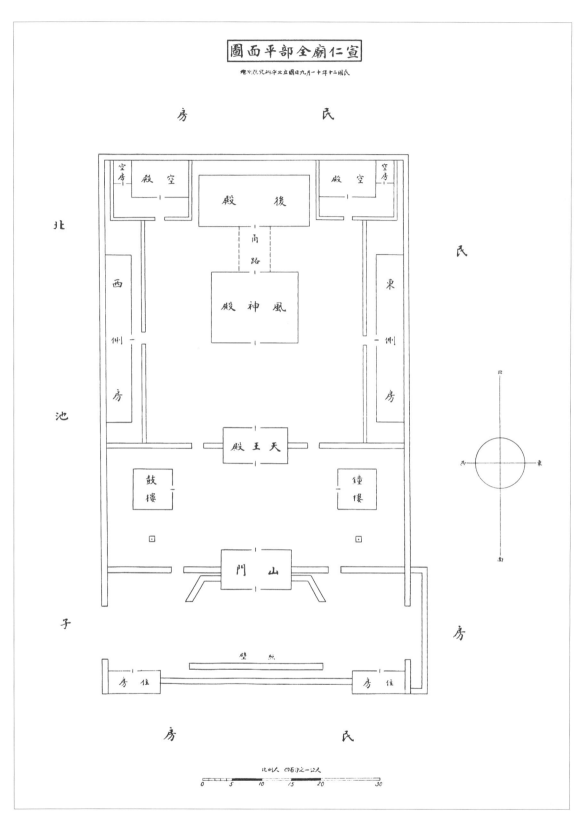

宣仁廟全部平面圖

原圖比例尺：1：400

原圖單位：米

原圖尺寸：縱 31.8、橫 22.5 厘米

宣仁廟照壁

宣仁廟山門

宣仁廟鼓樓

宣仁廟天王殿

北平研究院

北平廟宇調查資料匯編【內六區卷】

宣仁廟風神殿

宣仁廟後殿

宣仁廟銅鐘

宣仁廟風神像

關帝廟

【調查記録】

關帝廟，沙灘門牌十九號。

門北嚮，現爲振發和醬園，門上石額"忠義關帝廟"，前有房三間，爲櫃房。

南殿三間，內供關帝一尊，泥塑，工細，莊嚴，坐高五尺。童二，泥塑，立高四尺。木五供一分。周倉、關平侍立，泥塑，高四尺餘。又童二，一執劍，一執書，泥塑，立高四尺。鐵鐘一。馬童各一，泥塑，高四尺餘。院內槐樹一株，後有西房二間。

此廟爲沙灘路北關帝廟下院。

注 關帝廟位于內六區沙灘19號。始建年代不詳，有建于明代（1368～1644年）之説[1]。坐南朝北，主要建築有山門殿、關帝殿。山門殿已改爲振發和醬園。關帝殿供奉關帝、周倉、關平。此廟爲沙灘路北關帝廟下院。

［1］ 北京市檔案館：《北京寺廟歷史資料》，北京：中國檔案出版社，1997年，第117頁。

關帝廟關帝像

關帝廟山門（已改爲振發和醬園）

關帝廟

【調查記錄】

關帝廟，沙灘門牌甲一號。

山門南嚮，木門額"關帝廟"。木牌二：一爲"慈濟圖書社"，一爲"佛經流通處"。

北殿三楹，木匾額"浩然正氣。乾隆四十二年歲次丁酉季夏吉旦，福隆安敬題"。木柱聯"大節至今昭日月；英風自古振綱常。乾隆丁酉季夏，福隆安敬題"。內柱聯"大節在常變經權適合，磨不磷涅不緇善惡懍，春秋聖狂判別幾希界；五倫由昆弟朋友聿彰，言爲法行爲則誓盟堅，金石模範昭垂宇宙間。讀關聖歷史撰此以志欽崇，并作爲省身之鑑云。中華民國五年六月蜀南黃炳彝敬題"。內供關帝一尊，銅像金身，坐高五尺。周倉、關平侍立，銅像，高四尺餘。觀音一尊，銅像金身，坐高二尺餘。釋迦佛一尊，坐高一尺。童二，高數寸。均木質金身。各像均供玻璃木龕內。關帝像莊嚴，聞爲征大小金川時傅恒所修。藍琉璃五供一分。磁爐一。銅磬一。院內楸樹、槐樹各二株。

東房三間，爲圖書社。西房三間。廊下懸鐵鐘一，"大清雍正六年十二月吉日誠造"。

東北小院有北房二間，東房一間。西小院有北房一間。

住持僧來振，傳臨濟宗。

注 關帝廟位于內六區沙灘甲1號。始建于明代（1368～1644年），清乾隆四十二年（1777年）重修[1]。乾隆年間（1736～1795年）繪製的《京城全圖》中此處廟宇名爲"楊八郎廟"[2]。坐北朝南，廟內建築主要有山門、關帝殿及配殿。供奉關帝、周倉、關平、觀音、釋迦佛。民國十八年（1929年）寺廟人口登記時有來振1人。

［1］ 北京市檔案館：《北京寺廟歷史資料》，北京：中國檔案出版社，1997年，第79頁。

［2］ 第一歷史檔案館、故宮博物院編：《清乾隆內府繪製京城全圖（第二函）》，北京：紫禁城出版社，2009年，127-6Z4。

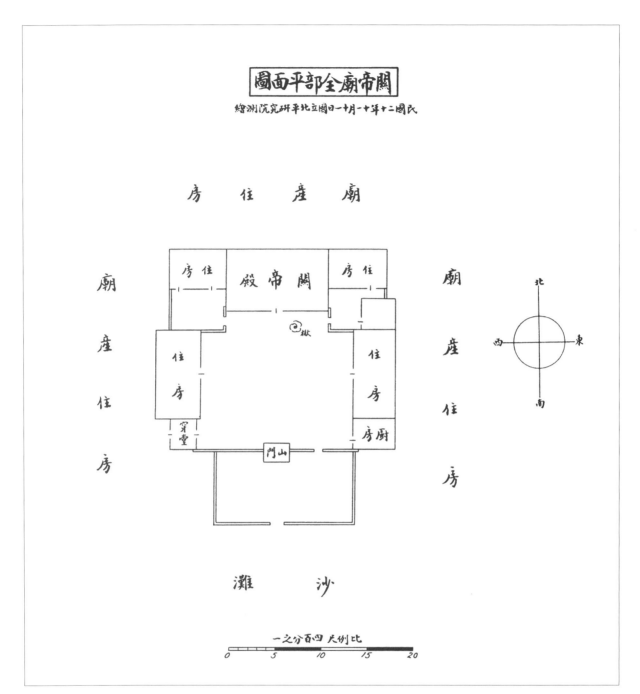

關帝廟全部平面圖

原圖比例尺：1：400

原圖單位：米

原圖尺寸：縱 17.1、橫 15.6 厘米

關帝廟山門

關帝廟關帝殿

關帝廟關帝像

真武廟

【調查記録】

真武廟，銀閘胡同門牌二十三號。

山門南嚮，東西小門二，均閉，由内六區署入。

北殿三間，木匾額"真空妙有。道光癸巳十月穀旦，信官庫蒙額敬叩"。内供真武一尊，坐高六尺。童二，立高五尺。各像均泥塑。木五供一分。左右二龕，有布簾遮蓋，因門不啓，不能詳。右龕爲關帝騎馬像一尊，周倉、關平侍立，高三尺。童六，分立，高六尺。各像均泥塑。又佛三尊，高二尺餘，已殘。

東厢房三間，木牌"内勤室"。西厢房三間，木牌"外勤室"。

殿左右各有碑一。左碑龍頭，箱座，無字，大小與右碑同。右碑亦龍頭，箱座。陽額題"聖旨碑記"，"天啓三年十月十五日"，文係御馬監掌印太監劉應坤等奏請皇帝免除御馬監諸太監未償還之借貸。陰額題"萬古流芳"，下爲太監等人題名。碑身高三尺八寸，寬二尺五寸，厚六寸。頭高二尺。座高一尺七寸，寬三尺四寸，厚一尺三寸。

院内椿樹一株。東西各有旗杆一，西僅剩座。大鐵鼎一，"大清乾隆三十三年孟冬穀旦敬立。銀閘真武廟。明德惟馨。浙江杭州府仁和縣知縣信士許光國施助"。西北隅小北房二間，傾圮。東夾道東房六間，爲飯廳、廚房。

北閣三間，上爲庫房，下爲講堂。東西各有耳房一間。東爲銀閘胡同二十二號，興順永成衣局，有房二間。再東大門爲銀閘胡同二十一號，義順公煤廠。門内東西棚各三間，北房兩間。又東夾道東房五間。後西房二間，又北房五間。

閣後有北房三間，西小房三間。

住持僧成方。

注 真武廟位于内六區銀閘胡同23號。始建于明天啓年間（1621～1627年）[1]，爲明代御馬監草欄舊址[2]。坐北朝南，廟内建築主要有山門、真武殿、後閣、後殿及配殿。供奉真武、關帝騎馬像及周倉、關平。民國十八年（1929年）寺廟人口登記時有張永芳1人。

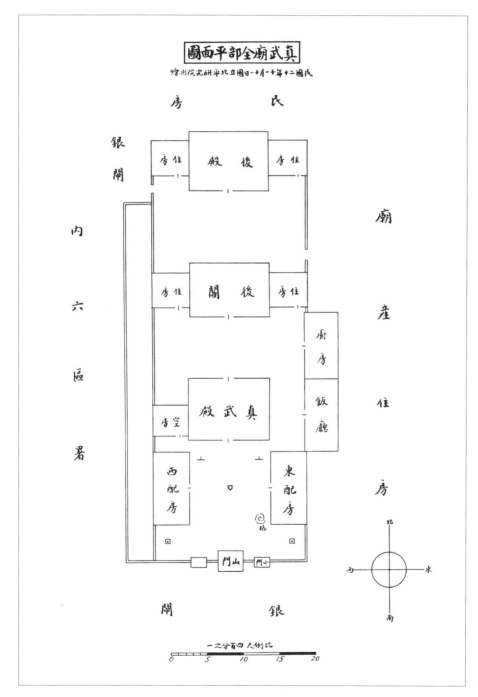

真武廟全部平面圖
原圖比例尺：1：400
原圖單位：米
原圖尺寸：縱22.4、
橫14.8厘米

［1］ 北京市檔案館：《北京寺廟歷史資料》，北京：中國檔案出版社，1997年，第77頁。
［2］ 許道齡：《北平廟宇通檢》，北平：國立北平研究院，1936年，第89頁。

真武廟山門

真武廟真武殿

北平研究院

北平廟宇調查資料匯編【內六區卷】

真武廟後閣

聖旨碑記

御馬監掌印太監臣劉應坤等謹
題為員債難償呈乞定奪以免貽累事據臣監管理典簿高矩等草欄等叅場掌貼場官
張教等及各灘呈稱內開先任官陸續借貸客家私債真偽難明其中有利過本銀幾
倍者又有本利相平者有捏蹤故寓假契者有文約不明而威勒強坐者年後一年債
還未盡追無憑轉頭前須負債將何作抵呈乞詳處因其呈到臣據此
傳各家攜約前来各官面質殆非真的但虎踞横肆周知達律刃思監廳叅場各灘
係飼牧
朝廷大馬之處非龜斷貲財之所償不清其源而除其蔓則累員叅以致累衙門以致累
國計明干法紀臣職掌攸關難容緘默伏乞
萬歲爺
勅下臣監容臣將各家原約壹槩掣回棄毀杜絕後患母得私放私借永為遵守則衙宇清
而員後宣矣臣等未敢擅便為此具本謹
題請
旨奉
聖旨這所奏監廳三場各灘因先年指借各須私債有年已得倍利將原約一槩掣回本監
棄毀永杜後患母得隱匿不首如有不遵的指名叅奏治罪不宥欽此欽遵知道

天啟三年十月十五日

北平研究院
北平廟宇調查資料匯編【內六區卷】
一〇二

聖旨碑記（陽）
明天啟三年（1623年）刻
拓片縱130、橫69厘米

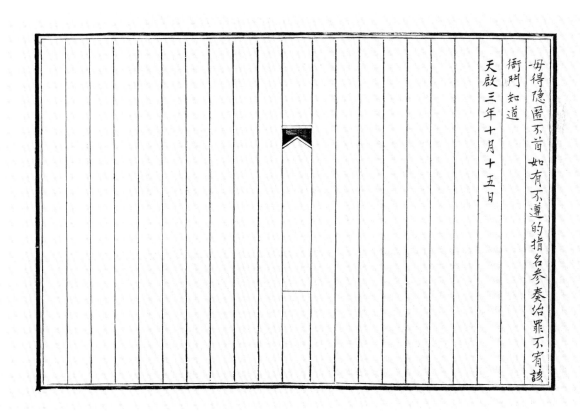

聖旨碑記（陽）錄文（1）

聖旨碑記額

御馬監掌印太監臣劉應坤等謹　題為負債難償

呈乞定奪以免累累事據臣監管理典簿高矩等草

攔等參場掌貼場官張教等及各灘呈稱內開先任

官陸續借貸各家私債真偽難明其中有利過本銀

幾者又有本利相平者有捏誣故寫假契者有文約

不明而威勒張坐者年復一年償還未盡通無實貼

日夜躊躇前項負債將何作紙呈乞詳處等因具呈

到臣毋據此隨傳各家攜約前來各官查閱賃猜非真

的但虎踞橫肆罔知達律切思監聽參場各灘俱係

飼牧

朝廷大馬之處非蓺斷貲財之所倚不清其源而除其

蔓則累員役以致累衙門以致累國計則于法紀臣

職掌攸閱難容緘默伏乞

萬歲爺　勒下臣將各家原約一槩制回章毀

杜絕後患毋得私放私借永為遵守則衙宇清而員

役實美臣等未敢擅便為此具本謹

題請　旨奉

聖旨這所奏監聽三場各灘圇先年指借各項私債有

年已得倍利將原約一概制回本監棄毀永杜後患

聖旨碑記（陽）錄文（2）

毋得隱匿不首如有不遵的指名參奏治罪不宥該

衙門知道

天啟三年十月十五日

聖旨碑記（陰）

拓片縱 133、橫 73 厘米

萬古流芳嶺

欽差御馬監裏草欄掌場太監張教　欽差御馬監

裏草欄貼場太監李用忠　欽差御馬監裏草欄貼

場太監黃成德　貼場太監趙青

寵昇　馬進朝　宗進朝　高祥　張恩　陳進登

王過成　劉之平　李鳳翔　劉郊柱　韓貴　李

保　王誠德　劉養柱　張鈗　魏郊典　楊團

楊輔臣　張進朝　張應詔　牧放夫監岳進　劉

騰　李義　賈忠貞　黃恩土　郊進朝　董鎮　李

升　張進朝　劉貢弼　審朝　劉德□　郭□□

李準　李奇　甄進忠　王大純　李自芳　劉崇

□□□　□□□　□□□　□□□

印　周吉祥　史圍泰　程登　郭宇　李大用

韓國泰　張仲礼　魏一德　□□□

□□□　□□□　□□壽　王進禄　□思賢

陳登貴　馮進忠　張文進　王明　王朝用

進忠　員受　王進忠　薛圍用　王明　牛汝健

劉鈺　劉時敏　李之茂　馬郊順　王之敏　高

文魁　邊文進　范永寧　丁大育　陳福壽　王

瑞圖　王添喜　楊文玉

玉　王永壽　王永喜　王允昇　趙潤澤　李

李圍泰　何應選　李光斗　盧圍相　膽賢　王

本化　杜進忠　張連　劉王義　張進朝　安桂

芳　黃從跂　贊　鄦光顯　諸万年　王德恩

之德　趙秉直　郊進　王文訓　劉進忠　楊進忠

禄　宋福　王林福　蘇進　王朝　王元輔　王

朝　趙休清　王良臣　陳進　彭進喜　李万春

王九敍　馮喜兀　楊拱壽　田得寶　李進朝　呂進

　　　　楊拱壽　田得寶　傳添壽　劉成

徐德　李永　張承德　魏祝壽　劉添祥　劉進

　　　　　　　　魏祝壽　劉添祥

禄　田舜庄　孫圍相　趙進朝　井選　李朝

楊國賢　王遲　王添祥　仇邦寶　王吉德　司

房苑子宸　姜從文　顧蔭褒　王文貴　張圍裕

許宗仁　馬鳳峒　唐文燦　張裕　程九皋　李

志孝　吳環　王恩照　楊維藩　游至道　趙大

紀　郭宗礼　諸文輝　李登科　蘇鳳　趙

金成　商人王一鶴　李延壽　西汝棵　楊續寶

蘇舜民　門上雨班　楊恩　陳金　胡壽　李仁

胡科　郭周　劉朝相　南頭雨班　陳墅　姜從

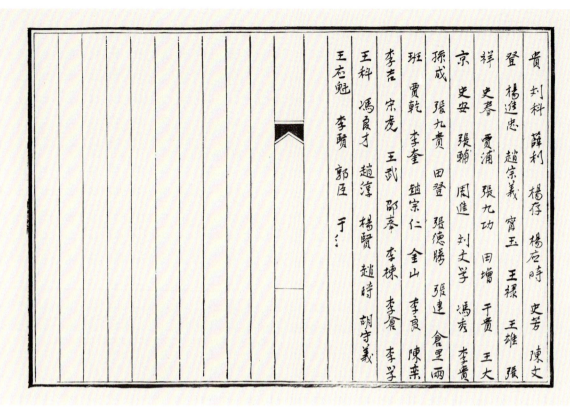

聖旨碑記（陰）錄文（3）

嵩祝寺

【調查記錄】

嵩祝寺，嵩祝寺夾道門牌九號。

門西嚮，大木牌"大國師章嘉呼圖克圖駐平辦事處"。右木牌蒙文。門內小北房一間。東有槐樹二行，約二十株。小柏樹二行，約六十株。北有紅墻，中爲大照壁。

第一層山門殿三間，石門額"敕建嵩祝寺。乾隆御筆"。石獅二，高五尺。馬尾松二株，古槐四株，柳樹多株。東旗杆一，西剩旗杆座。東鐘樓、西鼓樓。古槐二株。

第二層北殿三間，爲天王殿。內天王四尊，泥塑，工細，坐高一丈二尺。木漆香爐二。

第三層北殿五間，爲大雄殿，木匾額"妙明宗鏡。乾隆御筆"。內供三世佛三尊，木質金身，坐高六尺，連座光高一丈二尺。木八寶三分，金色。木五供三分。木珊瑚二。木塔二，高丈餘。小泥、木佛十餘尊。羅漢十八尊，泥塑，工細，坐高六尺。左騎獅菩薩一尊，泥塑金身，連獸高五尺。右菩薩一尊，亦騎獅，泥塑，連獸高五尺。

北殿廊下銅鐘一。柏樹四株。焚字庫一。東西夾道各有房三間，原各五間，因築屏門隔斷二間在外。

東配殿三間，內供菩薩三尊，泥塑金身，坐高四尺，連座光高八尺。木五供三分。鬼臉多個存于內。南北各有東房二間，空閑。

西配殿三間，內供菩薩三尊，泥塑金身，坐高四尺，連座光高八尺。南北各有西房二間，空閑。

第四層北殿五間，係章嘉活佛住宅。東西各有北房三間。院內蘋果樹一株。

東配殿三間，內供馬喀喇佛四尊，泥塑像，甚凶惡，類金剛佛，高約五尺餘。小佛二，一高三尺，一高一尺，均泥塑。鼓一。銅鐘一，"萬曆丙子年十二月初三日"。鼓一。鐵五供一分。大銅爐一。

西配殿三間，內供旃檀佛一尊，立高六尺，木質金身，連座光高一丈。童二，木質金身，立高四尺，連座高五尺。木五供一分。左塔，木質金身，高五尺。宗喀巴佛二，木質金身，坐高四尺，連座光高八尺。木五供一分。右菩薩一尊，木質金身。左右各一尊宗喀巴佛，木質金身，坐高四尺，連座光高八尺。藏經木漆閣二，每閣八行，每行九格。大銅五供一分。大銅香爐三。

第五層北閣七間，章嘉活佛坐法處。東西配殿各五間，均爲章嘉活佛所自建，現均存該活佛之私有物件。柏樹四株。梵文銅法輪二。

西跨院北殿五間，章嘉活佛休息院。東西房各五間。南房七間。松柏樹一株，高齊殿脊，形如塔，甚美觀。東北院歡喜佛一尊，銅像，高三尺餘，作男女相抱狀。護法神五，騎獸，高三尺，泥塑。

住持喇嘛白華山（拜音迭路爾）。

注 嵩祝寺位于內六區嵩祝寺夾道9號。始建于清雍正十一年（1733年），是世宗爲蒙古活佛章嘉呼圖克圖修建的在京梵修及居住之處，原在織染局，清乾隆年間（1736~1795年）還建于此。此地舊为明番經、漢經兩厂地[1][2][3]。嵩祝寺與東側的法淵寺、西側的智珠寺并排而建。坐北朝南，寺內建築分三路，中路依次有照壁、山門、鐘樓、鼓樓、天王殿、大雄寶殿、第四殿、後閣，以及菩薩殿、馬喀喇殿、旃檀佛殿等。東、西兩路爲章嘉呼圖克圖活佛梵修、居住之所。供奉四大天王、三世佛、十八羅漢、馬喀喇佛、旃檀佛、宗喀巴佛、歡喜佛等。民國十八年（1929年）寺廟人口登記時有旺欽縈布等27人。

［1］ 許道齡：《北平廟宇通檢》，北平：國立北平研究院，1936年，第94頁。

［2］ 國家文物局主編：《中國文物地圖集·北京分冊（下）》，北京：科學出版社，2008年，第30頁。

［3］ 譚孝伊編著：《北京文物勝迹大全·東城區卷》，北京：北京燕山出版社，1991年，第105頁。

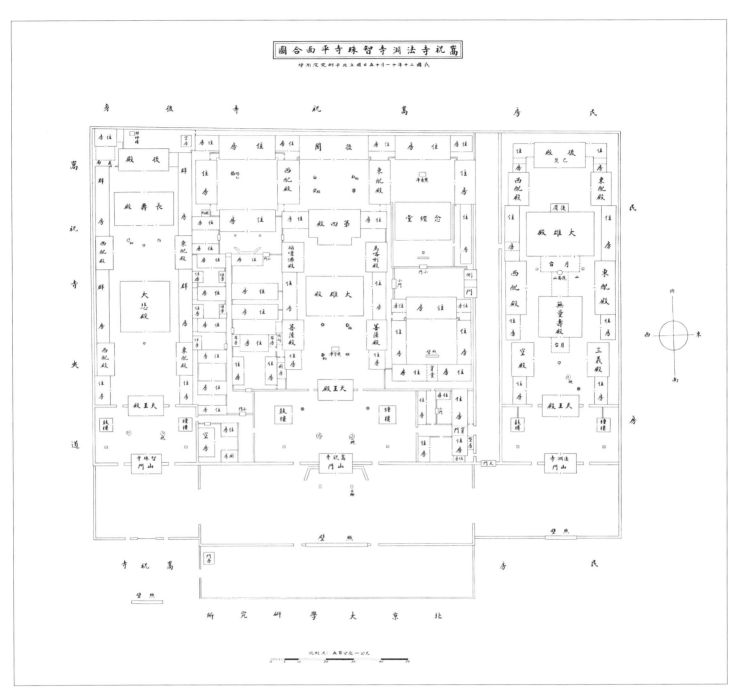

嵩祝寺、法淵寺、智珠寺平面合圖

原圖比例尺：1：500

原圖單位：米

原圖尺寸：縱 46.9、橫 51 厘米

注：圖中"旃壇佛殿"應爲"旃檀佛殿"

嵩祝寺山門

嵩祝寺山門

嵩祝寺天王殿

嵩祝寺大雄殿

嵩祝寺大雄殿

北平研究院
北平廟宇調查資料匯編【內六區卷】

嵩祝寺大雄殿東山墙磚雕

嵩祝寺大雄殿東山墙背面磚雕

北平研究院

北平廟宇調查資料匯編【內六區卷】

嵩祝寺大雄殿前焚字庫

嵩祝寺第四殿

嵩祝寺後閣

嵩祝寺後閣

嵩祝寺後閣前東配殿

嵩祝寺西跨院北殿

嵩祝寺西跨院塔状松柏

嵩祝寺西跨院鐵鼎

嵩祝寺殿堂

北平研究院

北平廟宇調查資料匯編【内六區卷】

嵩祝寺殿堂

嵩祝寺殿堂

嵩祝寺殿墙上砖雕

嵩祝寺旗杆

嵩祝寺大雄殿釋迦佛像

嵩祝寺大雄殿内木塔

嵩祝寺殿内陈设

嵩祝寺殿内陳设

嵩祝寺殿内陳設

嵩祝寺佛像

嵩祝寺宗喀巴佛像

嵩祝寺旃檀佛殿内藏經木漆閣

嵩祝寺歡喜佛像

嵩祝寺轉經筒

法淵寺

【調查記録】

法淵寺，在嵩祝寺東。

山門南嚮，石門額"敕建法淵寺。乾隆御筆"。山門三間，内供哼哈二將，泥塑，坐高一丈二尺。東旗杆一，西旗杆剩石座。東鐘樓内銅鐘已殘。西鼓樓内鼓已殘。楸樹、槐樹各一株。

第二層天王殿三間，内供天王四尊，泥塑，高一丈二尺。

第三層無量壽殿三楹，木匾額"無量壽殿"，内供三世佛三尊，泥塑金身，坐高六尺，連座光高一丈二尺。童二，泥塑。又童二，泥塑金身，立高六尺。羅漢十八尊，泥塑，坐高六尺。鐵五供三分。東西鐘架各一，木質，工細。鼓一。銅磬一。後面三大士像，中間觀音坐狨，手執念珠，左文殊騎獅，右普賢騎象，像均泥塑，連獸高八尺。童二，立高三尺。銅韋馱一，高二尺。左騎獅銅像菩薩一尊，金身，坐高六尺，連座光高一丈二尺。

東配殿三間，木匾額"靈威保障。咸豐壬子年孟秋穀旦，弟子扎薩克喇嘛趙嘉木□敬獻"。内供劉備、關羽、張飛像，泥塑，工細，坐高五尺。周倉、關平侍立，泥塑，高四尺餘。鐵五供一分。馬童各一，泥塑，高四尺。鐵爐一。南北各有東房三間，北側東房已殘。

西配殿三間，無神像，存物品。南北各有西房三間，爲住房。院内大小槐樹各一株，柏樹三株。鐵鼎一，高丈許。

第四層北殿五楹，内供金剛佛一尊，護法佛六尊，高約六尺，連座光高一丈二尺。木八寶一分，金色。東西兩側各一木千珠經櫃，每櫃二十一行，每行四格。西北一櫃，六行，每行四格。銅鐘一。大鼓二。

殿左碑一，龍頭，龜座。陽額題漢、滿兩體文"御製"，首題"法淵寺碑記"，"法淵寺在嵩祝寺左，其右則智珠寺，佛宇毗連，皆前明經廠舊址也。明永樂間以延致喇嘛傳寫梵經，故有番經廠、漢經廠之名"，"兹寺之重修與名，以章嘉國師住持嵩祝寺，密邇禪居法門不二。中間大雄寶殿虔奉梵經，供大持金剛等"，後有五言偈語"微妙甚深法，如海復如淵。來自衛藏遥，湛然迴定水。是爲真性源，如來真實義。宗喀巴高足，達賴及班禪。前後傳法妙，聞見親受持。真文及滿字，三乘啓圓覺。中外資福利，蒙古信皈依。如是不思議，開悟衆法性。成是大功德，是乃名法淵。即此建道場，闡化宣宗風。清净開覺地，六塵緣影空。心意證虚明，章嘉此住持。嵩祝清净居，法淵何以名。覺心不動故，其右即智珠。如百千牟尼，其光普遍照。無量亦無邊，無解亦無脱。種種見性靈，一一歸圓覺。有如佛現在，心存生目想。上人演法輪，合十揚唄讚。尊承智慧業，敬受不二門。以是妙覺性，開悟衆生等。無礙妙法喜，悉自禪定生。以是證法淵，一切諸衆生。信受各奉行，乃至空幻華。萬萬恒河沙，生生無色界。人與非人等，聽法各歡喜。雷音遍聲聞，極樂登壽世。法雲覆空際，慧日曜康衢。覺心如珠淵，微妙甚深義。是以名法淵，是云佛出世。乾隆四十九年歲在甲辰孟冬月吉御筆"，文爲漢、滿兩體。碑陰藏、蒙兩體。碑身高八尺一寸，寬三尺五寸，厚一尺六寸。頭高四尺一寸。座高三尺八寸，寬三尺九寸，長六尺六寸。

東配殿五間已傾，西配殿五間爲住房。院内旗杆二，柏樹一株。銅昆侖山一座，高八尺，連石座高一丈二尺。東西夾道各有房六間，已殘。

第五層北殿五間，被火禁。東西配殿各三間，已殘。圓鐵爐一，已殘。

注 法淵寺位于内六區嵩祝寺東，與嵩祝寺、智珠寺并排而建，爲明代番經廠和漢經廠遺址。清乾隆年間（1736～1795年）此處名爲"漢經廠"、"番經廠"[1]。乾隆四十九年（1784年）重修并賜名法淵寺。坐北朝南，依次有照壁、山門、鐘樓、鼓樓、天王殿、無量壽殿、大雄殿、後殿及三義殿。供奉二大金剛、四大天王、三世佛、十八羅漢、韋馱、觀音、文殊、普賢、劉備、關羽、張飛、金剛佛、護法佛等。平面圖見内六區17號嵩祝寺。

[1] 第一歷史檔案館、故宮博物院編：《清乾隆内府繪製京城全圖（第二函）》，北京：紫禁城出版社，2009年，126-6Z3。

法淵寺山門

法淵寺無量壽殿

法淵寺大雄殿

法淵寺大雄殿前銅崑崙山

法淵寺無量壽殿三世佛像　　　　　　　　　　　法淵寺無量壽殿普賢騎象像

法淵寺無量壽殿觀音騎犼像　　　　　　　　　法淵寺無量壽殿文殊騎獅像

法淵寺大雄殿金剛佛像

北平研究院

北平廟宇調查

資料匯編

［内六區卷］

法淵寺大雄殿護法神像

法淵寺大雄殿護法神像

法淵寺大雄殿護法神像

法淵寺石碑《法淵寺碑記》

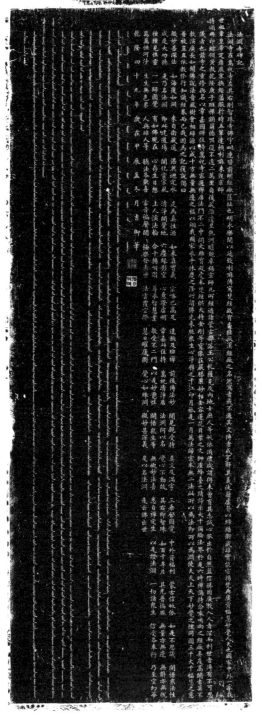

法淵寺碑記（陽，漢、滿文）

清乾隆四十九年（1784年）刻

拓片縱250、橫78厘米

法淵寺碑記（陰，藏、蒙文）

拓片縱241、橫77厘米

智珠寺

【調查記録】

智珠寺，在嵩祝寺西。

山門南嚮，石門額"敕建智珠寺。乾隆御筆"。東南各有古槐一株。東南各有栅欄門一。山門三間，内供哼哈二將，泥塑，高一丈二尺。門内剩旗杆石座二。東鐘樓一，内銅鐘一口，高四尺餘。西鼓樓一，内鼓一。院内古槐二株。

第二層天王殿三間，内供天王四尊，泥塑，工細，坐高一丈二尺。

第三層大悲殿三楹，玻璃龕内供千手千眼佛一尊，銅像，莊嚴，立高八尺，連座光高丈許。鐵五供一分。柱絹聯"香雲遍覆真如界；皓月常明自在天。乾隆御筆"。後面絹額已殘，"寶□光□。乾隆御筆"。左右木龕各一，各供銅菩薩一尊，高一尺五寸。木經架二。木龕二。

東西配殿各三間，已殘，空閑。東西配殿南各有房三間。小槐樹三株，大槐樹一株。鐵鼎一，"大清乾隆歲次丁丑"，下爲"成化年造"。東西夾道各有配房八間，將圮。

第四層北殿五間，木匾額"現清净身"，印章"乾隆御筆之寶"。木聯"金粟神光昭妙應；香林净域證虛明"，已殘，署款不可見，約爲"乾隆御筆"。内供長壽佛五尊，泥塑金身，坐高五尺，連座光高丈許。木五供二分。銅五供一分。左喇嘛像一尊，坐高五尺。右木質眼光神一尊，立高八尺。大鼓一。羅漢十八尊，原均銅像，庚子年失去六尊，配六泥塑像，高均尺餘。三壁均有小木佛龕，内供泥質金身小佛無數，高二寸。

東西配殿各三間，空閑。以前駐軍隊毀壞不堪。院内柏樹三株，圓鐵爐一。

第五層北殿五間，東西各有配房八間。

智珠寺位于内六區嵩祝寺西。與法淵寺、嵩祝寺自東嚮西依次排列，屬明代番
經廠和漢經廠遺址。坐北朝南，寺内建築主要有山門、天王殿、大悲殿、長壽
殿、後殿等。供奉四大天王、千手千眼佛、長壽佛、十八羅漢、喇嘛像、眼光
神等。平面圖見内六區17號嵩祝寺。

智珠寺外栅欄門

智珠寺山門

智珠寺天王殿

智珠寺鼓樓

智珠寺大悲殿

智珠寺大悲殿一角

智珠寺長壽殿

智珠寺長壽殿

智珠寺後殿

智珠寺大悲殿千手千眼佛像

智珠寺長壽殿長壽佛像

北平研究院

北平廟宇調查資料匯編【內六區卷】

智珠寺長壽殿喇嘛像

智珠寺長壽殿佛像

真武廟

【調查記録】

真武廟，真武廟門牌四號。

山門南嚮，内有旗杆一。

北殿三間，爲真武殿，内供真武一尊，泥塑，坐高六尺。將六尊，立高三尺。童二，立高三尺。上像均泥塑。木五供一分。圓鐵爐一，"大清乾隆五十九年吉日誠造。敬事房"。左地藏王一尊，坐高五尺。童二，高三尺。上像均泥塑。木五供一分。右關帝一尊，坐高五尺。周倉、關平，立高三尺。上像均泥塑。木五供一分。鐵磬一，"嘉慶二十四年八月十三日立"。東達摩一尊，高五尺。童二，立高三尺。西呂祖一尊，高五尺。童二，立高三尺。上像均泥塑。殿内存壽材多具。

東配殿三間，木匾額"功參帝相"。内供華佗一尊，坐高四尺餘。童二，立高二尺。上像均泥塑。方鐵爐一。西配殿三間。

殿左碑一，龍頭，箱座。陽額題"重修碑記"，首題"重修真武廟碑記"，"萬曆八年歲次庚辰仲夏吉日立。賜進士第中憲大夫前陝西提刑按察司副使念庵劉效祖撰"。陰額題"萬古流芳"，下爲太監題名。碑身高三尺九寸，寬二尺一寸，厚六寸。頭高一尺八寸。座高一尺七寸，寬二尺六寸，厚一尺三寸。

右碑一，龍頭，箱座。陽額題"重修碑記"，首題"重修真武廟碑記"，年月及撰文人與左碑同。陰額題"萬古流芳"，下爲太監題名。碑身高三尺四寸，寬二尺，厚五寸。頭高一尺九寸。座高二尺二寸，寬二尺五寸，厚一尺二寸。

東西小院各有北房二間。

院内鐵鼎一，"真武廟。光緒己丑年三月初一日"。槐樹二株。

此廟爲馮殿吉家廟。

注 真武廟位于内六區真武廟（南長街真武廟胡同）4號。始建年代不詳，明萬曆八年（1580年）重修。坐北朝南，廟内建築主要有山門、真武殿。供奉真武大帝、地藏王、關帝、達摩、呂祖、華佗。此廟爲馮殿吉家廟。

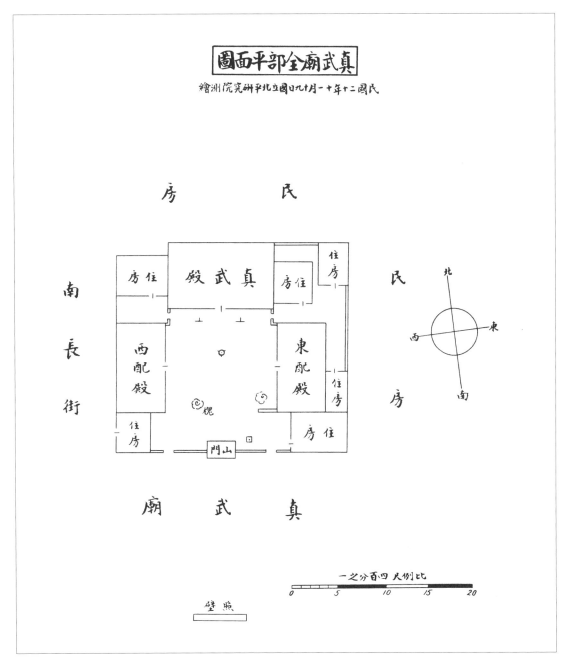

真武廟全部平面圖

原圖比例尺：1：400

原圖單位：米

原圖尺寸：縱 16.9、橫 14.2 厘米

真武廟山門

北平研究院

北平廟宇調查資料匯編〔內六區卷〕

真武廟真武殿

真武廟真武大帝像

北平廟宇調查資料匯編〔內六區卷〕

重修真武廟碑記（陽）

明萬曆八年（1580年）刻

拓片縱140、橫70厘米

重修真武廟碑記（陰）

拓片縱 86、横 69 厘米

重修真武廟碑記（陽）
明萬曆八年（1580 年）刻
拓片縱 134、橫 71 厘米

重修真武廟碑記（陰）
拓片縱 135、橫 70 厘米

土地廟

【調查記録】

土地廟，南長街土地廟胡同門牌十六號。

山門東嚮，廟一間，懸木牌"志忠學塾"。內供土地夫婦像，坐高四尺餘。童像二，高尺餘。上像均泥塑。木五供一分。小鐵磬一。

後有北殿三間，東西各有北房二間，內供關帝畫像一幅。又泥塑像一，高一尺。又娘娘三尊，泥塑，坐高不足尺。

南殿三間，無神像。

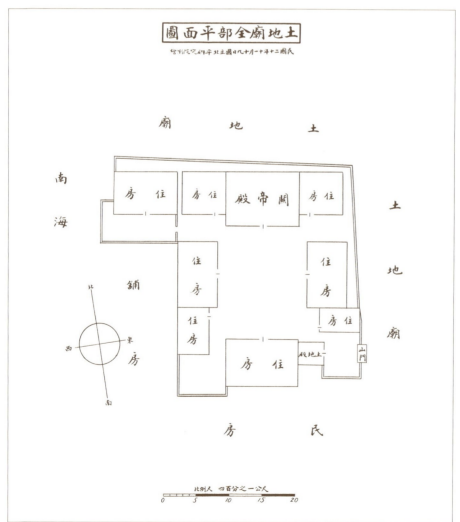

土地廟全部平面圖

原圖比例尺：1：400

原圖單位：米

原圖尺寸：縱 18.6、横 16.2 厘米西房三間，現爲三義興煤棧。

西院有北房三間。

土地廟現由薛厚甫管理。

注 土地廟位于内六區南長街土地廟胡同16號。始建于明萬曆年間（1573～1620年），清乾隆四十年（1775年）重修[1]。坐北朝南，山門東嚮，廟内建築主要有土地殿（坐西朝東）、關帝殿、南殿及配殿。供奉土地夫婦、關帝、娘娘。

土地廟山門

---

[1] 北京市檔案館：《北京寺廟歷史資料》，北京：中國檔案出版社，1997年，第252頁。

土地廟土地殿

土地廟關帝殿

龍王廟

【 調查記録 】

龍王廟，地安門内二眼井胡同門牌六號。

廟一間，南嚮，無神像。

現爲德順齋小鋪。係姜宅家廟。

注　龍王廟位于内六區地安門内二眼井胡同6號。始建年代不詳。坐北朝南，一間
殿。原供奉龍王，調查時已無神像。龍王廟爲姜宅家廟。

關帝廟

【調查記録】

關帝廟，地安門内三眼井胡同門牌三十號。

山門北嚮，石門額"護國關帝廟"。前殿三間，無神像，現爲洋車廠。前殿東西各有房二間。

南殿三間，木匾額"永翊皇圖。乾隆甲子蒲月吉日，潘崇升敬題"。木聯"浩氣滿乾坤扶漢事周總大春秋一統；精忠昭日月保民護國贊勷聖世千年。甲子端陽，大興潘崇升盥手拜題"。内供關帝一尊，木質金身，坐高六尺。周倉、關平立像，木質金身，高四尺餘。上像均供龕内。黄琉璃五供一分。銅磬一。馬童各二，泥塑，高五尺。左火神一尊，泥塑，坐高五尺。童像二，泥塑，立高三尺餘。右佛塑像一尊，藍面，手執狼牙棒，坐高五尺。童像二，一執葫蘆，一執鐵圈，立高四尺。上像均泥塑。木爐二。又配像六，分立東西，泥塑，高五尺。後關爺一尊，坐高四尺。周倉、關平像，立高四尺，已殘。上像均泥塑。鐵五供一分。

東配房三間，西配房三間，東西夾道各有房七間。大鐵鼎一，"大明萬曆戊午年孟秋吉日造"，高約八尺。

殿左碑一，龍頭，龜座。額題"萬古留芳"，首題"重修關帝廟碑記"，"龍飛乾隆二十一年歲次丙子秋九月，太保大學士忠勇公傅恒敬撰"，漢、滿兩體文字。碑身高六尺六寸，寬三尺，厚一尺。頭高三尺六寸。座高二尺二寸，寬三尺，長六尺七寸。

右碑一，龍頭，箱座。額題"重修關帝廟碑記"，"太子太保議政大臣御前大臣領侍衛内大臣文淵閣提舉閣事兵部尚書正白旗滿洲都統管理户部三庫兼管工部理藩院步軍統領事務總管内務府大臣鑾儀衛掌衛事總管健鋭營官兵事務御茶膳房養心殿造辦處奉宸苑圓明園八旗内務府三旗大臣和碩額駙一等忠勇公福隆安撰。乾隆四十三年歲次戊戌六月癸卯建"。碑身高六尺三寸，寬三尺，厚一尺。頭高三尺六寸。座高二尺三寸，寬三尺七寸，厚二尺。

後面有南房五間。

此廟係沙灘關帝廟下院。

注 關帝廟位于内六區地安門内三眼井胡同30號。始建年代不詳，清乾隆二十一年（1756年）傳恒重修，乾隆四十三年（1778年）福隆安重修。坐南朝北，廟内建築主要有山門、關帝殿、東西配房、後殿。供奉關帝及周倉、關平、火神。關帝廟爲沙灘關帝廟下院。民國十八年（1929年）寺廟人口登記時有來振1人。

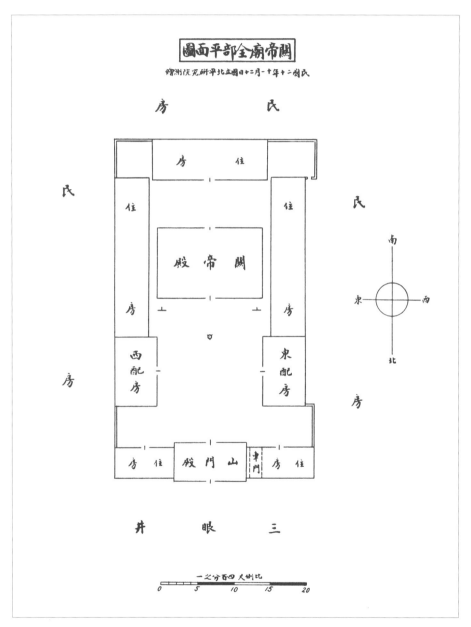

關帝廟全部平面圖

原圖比例尺：1：400

原圖單位：米

原圖尺寸：縱 19.9、橫 14.8 厘米

注：平面圖中東配房、西配房標注反了。

北平研究院

北平廟宇調查資料匯編【內六區卷】

關帝廟山門

關帝廟關帝殿

關帝廟東配房

關帝廟後殿

關帝廟關帝像

重修關帝廟碑記（漢、滿文）

清乾隆二十一年（1756年）刻

拓片縱217、横95厘米

重修關帝廟碑記

清乾隆四十三年（1778年）刻

拓片縱205、橫89厘米

重修關帝廟碑記銘

關帝廟祀徧天下京師尤盛自正陽門以及通衢夾
巷偶設供奉老幼婦稚奔走恐後都城內外不下百
十所夫以神之忠義神武聰明正直而壹所以彪
炳當時震耀來禩者學士大夫類能詳之無緣述為
也夫正者所以正天下之不壹者以壹天下
之不壹也夫自京師至各省府州縣以遵新疆絕域
無不廣厲崇禰作新廟貌或慕義欽風凜神服教或
治都聯社撰吉致慶或揆方作鎮顯位昭靈義莫正
馬誠莫壹馬　神之明威萃矣人之崇奉嚴矣況

輦轂之下近在　皇城咫尺間哉是廟創建不記歲
年先太保文忠公　賜第於此囚其頹廢飾新垣
宇建立碑記歲特展禮所以妥侑甚虔今又二十餘
年矣丹艧之弗飾墼茨之弗完匪惟神鑒之式憑抑
亦堂搆之有壞也爰以乾隆四十二年歲在丁酉練
特庀工鳩金重葺旬月之間復還舊觀夫以神之
靈爽在天如日之中萬方仰覩其光不繫此區區祠宇
之修廢以為輕重明矣領以數百年作鎮人心所共
凜先太保之所敬承籍以申其義而致其誠而是方
人士亦得於排徊瞻仰之下肅然於聰明正直而壹

重修關帝廟碑記錄文（1）

者之如臨之在上也則是舉也其亦不無小補云爾
於是乎書　太子太保護政大臣　御前大臣領侍
衛內大臣　文淵閣提舉閣事兵部尚書正白旗滿
洲都統管理戶部三庫熏管工部理藩院步軍統領
事務總管內務府大臣鑾儀衛衛事總管建銳營
官兵事務　御茶膳房　養心殿造辦處奉宸苑
明園八旗內務府三旗大臣和碩額駙一等忠勇公
福隆安撰
乾隆四十三年歲次戊戌六月癸卯建

重修關帝廟碑記錄文（2）

關帝廟

【調查記録】

關帝廟，景山東大街門牌五號。

山門南嚮，木匾額"忠義關帝廟"。

北殿三間，内供關帝一尊，坐高二尺。童像二，立高一尺。馬童各一，高一尺。上像均泥塑。東有小北房二間，東小房二間，西小房一間。旗杆一。

西碑一，雲頭，箱座。陽額題"忠義關帝廟碑記"，首題"重修忠義關帝廟碑記"，"賜進士出身誥授中憲大夫户部山西司員外郎青州隋藏珠敬撰并書"，"咸豐二年歲在壬子十一月十九日，善信弟子衆等公立石，張潘雲刻字"。陰額題"萬古流芳"，下爲題名。碑身高四尺八寸，寬二尺七寸，厚七寸。頭高二尺三寸。座高一尺，寬二尺六寸，厚一尺七寸。

小鐵鼎一，"大清嘉慶十三年六月立"。

後有北殿三間，空閑。北房二間，西房二間，東房一間。前後小槐樹各一株。

劉文焕管理。

注 關帝廟位于内六區景山東大街5號。始建年代不詳，清乾隆年間（1736～1795年）此處已有"關帝廟"[1]，道光二十九年（1849年）至咸豐二年（1852年）重修并擴建。坐北朝南，廟内建築主要有山門、關帝殿、後殿。供奉關帝。

關帝廟山門

[1] 第一歷史檔案館、故宮博物院編：《清乾隆内府繪製京城全圖（第二函）》，北京：紫禁城出版社，2009年，128－6Z5。

北平研究院 北平廟宇調查資料匯編【内六區卷】

圖面平部全廟帝關

民國二十年十一月二十日國立北平研究院測繪

```
              民      房

        ┌─────────────┬──────────┐
        │   住  房    │  住  房  │
        │             │          │
        │─────────────┤──────────┤
        │             │          │
        │   關帝殿    │  住  房  │
        │             │          │
        │   ╵         │          │
        │    ▽        │          │
        │     ⊙       │          │
        └──────┬──────┴──────────┘
             │山門│
```

景山東大街

關帝廟

景山東大街

比例尺 四百分之一

0   5   10   15   20

關帝廟全部平面圖

原圖比例尺：1∶400

原圖單位：米

原圖尺寸：縱 17、橫 12 厘米

北平研究院

北平廟宇調査資料匯編【內六區卷】

重修忠義關帝廟廟記

賜進士出身　護授中憲大夫戶部山東司員外郎青州府藏珠縣□□□

國家祀典所載如　日星　嶽瀆　歷代帝王　先農　先師既例不得僭溷詞有尊也惟

關建崇封大帝列中祀京師府州縣皆立祠而徧天下里一衖之市三家之郊瘖得廟魏西祀家為

僑士人敕事其道立尊為夫子杜惠孟之亞道流奉為真君緇門皈為菩薩商賈工旅祈為財神有尊而

親之之道焉京師禁城外民偶舊有

忠義關帝廟兩楹久著靈載時祝整恒于斯歷年多殿宇垝毀瞻拜者惘焉信士呂海福等倡其義盂學

禮等勤其事王王堂等董其工蕭國治等捐貲有差用工四百六陌五十有奇用金錢三陌萬伍阡六百

有奇經始于道光二十九年二月二十日落成于咸豐二年十一月初三日增廊政基四文如乎人拓修

神三楹抱厦復為東客三楹繚以周垣壽以山河嚴以屏巍以嘉剏關精舍一楹為焚祝者盥洗哭巹之

府既記工將文其麗牲之后而屬記于珠縣維

神祠碑記例稱頌　神功德惟

關帝聖德神咸如日在天水行地不得以下士筆墨雩澤

設啟賤為青其修葺始末臚象善姓氏于碑　陰後之瞻拜

美關者知　前人之勤有舉而莫敢廢也是為記

咸豐二年歲在壬子午十一月十九日

善信弟子泉等公立石　□張潘雲山鐫字

重修忠義關帝廟碑記（陽）

清咸豐二年（1852年）刻

拓片縱163、橫64厘米

重修忠義關帝廟碑記（陽）錄文（1）

重修忠義關帝廟碑記　忠義關帝廟記額

賜進士出身　誥授中憲大夫戶部山西司員外郎

青州隋藏珠撰并書　天神地示人鬼列國家

秩祀者如日星嶽瀆歷代帝王先農先師誑庶例不得

僭祭明有尊也惟　漢前將軍漢壽亭侯關壯繆

朝廷崇對大帝列中祀京師府州縣皆立祠而俯壞

下里一衢之市三家之邦胥得廟貌而祀不為僭士

人敬事其道尊為夫子杜恩孟之亞道流奉為真君

緇門皈為菩薩高賈工旅祈為財神有尊而親之之

道焉京師　禁城外艮隅舊有　忠義關帝廟兩楹

久著盼顰歲時祝釐垣于斯歷年多殿宇垢敝瞻拜

者惘焉信士呂海福等倡其義孟學禮等勸其事王

玉堂等董其工蕭國治等捐貲有差用工四阡六陌

五十有奇用金錢三佰萬伍阡六百有奇經始于道

光二十九年二月二十日落成于咸豐二年十一月

初三日增廊故基四大如千尺拓修　神威三楹拓

廈為東寮三楹繚以周垣對以山門嚴以屏巍以

蠢別閣精合一樞為焚祝者盥洗更衣之兩皖　神祠碑記例

將文其麗牲之石兩屬記于珠竄

撰頌　神功德惟　關帝聖德神威如日在天水行

重修忠義關帝廟碑記（陽）錄文（2）

地不得以下士筆墨塵滓　覆載敬為書其修葺始

末臚眾善姓氏于碑陰後之瞻拜　聖顏者知前人

之勤有聲而莫敢廢也是為記

咸豐二年歲在壬子十一月十九日善信弟子眾

等公立石　張潘雲刻字

重修忠義關帝廟碑記（陰）

拓片縱 163、橫 77 厘米

萬古流芳額碑陰
領善姓氏　呂海福每月香資二千二百文　王瑞典　郭良輔
孟學礼　王玉堂每月香資二百文　馬文林助錢二十二千每月香資三百文
王永福　吳文祥　毛松林助錢三千　陳英助錢六十千每
月香資一千五供一堂桌檟二張燈子一対　瑞璽助錢十吊　張德喜掛燈一対
蘇勒芳阿助錢二千　徐英助錢一百七十文　陳永順成衣鋪助錢二千
何文倚　孔明貴蝦鬚簾一掛每月香燭一対　孔明強每月香資一千掛桌一張爐欸
三事綿帘一架魚燈七対　孔廣祿海燈托一分　廣全歡門幡一堂　孫祥成歡門
幡一堂　牙玉成帷桌一個　高呈祥舊弓矢等見新　宋秉謙舊牌匾義
事見新　王二奎黃門雲帘一架旗杆旗子一架　陳文秀一龍旂一対　朱德全
旗杆頂助錢一千　莊文煜旗帶纜助錢二千　喬常得旗杆座助錢四千　王常
和銅簽筒助錢一千　郎喜齡神簽一百支助錢三千　王戍有廟工井上使水　趙
五六爾抬帶石一幅　胡慶生永助刷簽　蕭国治牙磚一百塊助錢一百六十九千
王啟泰香盤一个永献盤香助錢二十二千　隋丙南磚一方大板一塊助錢二十一千
王永與永助簽筩助錢三千　白全恩引化九蓮燈助錢二千　黃佳祿九蓮燈一
掛　敬獻功德姓氏　王懋勲金裝口口像助錢二十　張百裕
助錢六十千花帶一身每年香三十封助米二石羊燭三十斤　周松全袍二身助錢一千　張
慶生佛幔一架　捐資姓氏　郎常慶一百千　王生五十
十　張舒秀三十千　徐保祥十五千　許芸亭四十
千　楊德山十二千　王保慶十二千　阿呢楊阿十二千

重修忠義關帝廟碑記（陰）録文（1）

富陞　海寿　托雲布　田明奎　張明亮　高常
福　王得祿　副尉檔房三班　趙文明　趙安明
董泰　丁雙慶　國祥　鍾良　元亨　福順　松
泉　花尚阿　廣庫　福環　福昌　孟明訓　富
寛　義盛推房　王廷祿　尚奎元　以上各助錢
十吊文　顧凤林　源隆當　恒聚當　亨豐當
萬隆當　日豐當　益豐當　義長煤鋪　以上各
助錢八千文　晋義錢鋪　耿常安　各助錢六千
文　胡合祥　鄧連央　黎三虎　高維鐸　張廣
祥　劉得成　彭寿　成喜　富那丹珠　成安
隆與　張得保　吉隆阿　伊淩阿　舒斌　達洪
阿　徐永清　錦龍泉　双盛油塩店　福全碾房
三盛碾房　馬竹坪　刘輔廷　刘子年　韓盛如
于龍軒　孔文卿　莫元賡　惠芳　趙国春　李
文明　各助錢五千文　馬承貴　李永泰　句景
明　李連得　長盛公　永興坊　豐盛號　金玉
舘　宏吉齋　張永慶　馬靜亭　曹松堂　三義
號　各助錢四千文　刘長山、刘継武　王永順
趙得喜　趙四成　于連成、連立　李連生　郭
亭貴　盧福順　山太山　福寿齋　六盛公　刘

重修忠義關帝廟碑記（陰）録文（2）

松海 萬順碓房 慶源油酒店 西永義 永聚
煤鋪 曹宇善 曹德成 各助錢三千
文高福厚 宜德定 宗室恒安 宗室來福
王成宗 潘文貴 邵百瑞 王三虎 任自安
福央 趙常清 李明善 文志 崔成瑞 董明
福郭義 郭良株 崔永存 就振曹 郭坤泰
徐瑞 北天宗 韓安常 帥福恒 紀文奎 馬
常春 高同志 榮連 馬成衆 張深德 陳芳
安進喜 王常常 文添 周德福 王玉山 順
明陳永安 陳永順 陳永祥 春衆 宋他恩
哈 白瑞衆 許清和 趙常桂 慶喜 李玉安
喬希聖 廣順 謝旺 无常泰 高慶山
央盛磚瓦鋪 洪順苇料鋪 合盛磚瓦鋪 白文
珠萬順店 常海文 歲衆長 張廷瑞 長盛
齋何榮英 柳樹井三十文 于永福 億美壽
三巧齋粥鋪 劉瑞立 頭甲金二 歲泰 于
瑞磐 葉洪茂 德盛號 東晉義 合
盛号 東義盛 于常令 恒元扇 富衆隆 福
央長 聚豐号 米清祥 金明顕 張長海 各
助錢二千文 潘得安 楊達 王瑞寿 裴松瑞

重修忠義關帝廟碑記（陰）録文（3）

恒淩康 陸元義 張秉忠 飛英順
朱成先 孫恒泰 李玉順 張連生 孫永伸
曹国英 石吉瑞 羅傳康 王天成 刘松成
闆成珍 錢景豐 張永福 張惠凌 賈全桂
王進祿 謝壽齢 趙賜 金雲橋 馬
吉瑞 鄧保林 吳琨 李玉尓 張文茂 徐慶
廣鏡六順 善貴 俊福 那德華
金鳳枝 王順 呈柳堂 天滙軒 周三栓 吳
常泰盛泰 王祥貴 鍾貴 謝二虎 田奕太
贊得安 白進忠 王進福 趙福來 趙奎元
朱扎拉芬 李永平 刘得恩 福壽堂
四益雄房 廣衆永 吳百会 張元喜
李玉成 姜萬央 同永胡 源昌承 昶奕局
祥 李常太 述清安 金永久 朱尓杭阿 張得
祥孫祥成 馬吉昌 金常德 王重紱 都謙
順源利雄房 復有館 均義雄房 東大慶 三合錢鋪
北公隆 大有煤鋪 趙玉成 王二虎 王茂林 双和永
義衆公 隆盛雄房 吳常順 恒利布鋪 武
宗室豐凱 隆盛雄房 吳常順 恒利布鋪 武
五尓 李大玉 金明亮 刘吉祥 張進忠 美

重修忠義關帝廟碑記（陰）録文（4）

重修忠義關帝廟碑記（陰）録文（5）

安壯　白進忠　高祥　王太祥　黄付克京　陳
明山　福全　王照祥　揚生明　關啟祥　馬文
英　馬慶泰　傅大順　張文福　趙黑　李明泰
那春長　哈芬布　匡懷仁　祁輔廷　趙得閏
刘祥瑞　孫鳳齋　晁四夯　賈廷先　郭愛通阿
趙五尔　廣慈菴　王福小　杜天福　萬忠瑞　德
常俊得　楊氏　葉茂林　永慶雄扂　左吉成　賈
昌盛　永泉号　馬清和　楊八鬮　趙永生　素
石　徐門張氏　羅常祿　趙八十
雙陵　陳榮耀　安門田氏　富明　陳瑞林　王
海陵　韓昭　李永生　富馬五　崔永祥　王永
福　王永壽　張文奎　于和得　翟得閏　李承
成忠瑞　李立桂　金付得　王文玉　鏡海株
文　郭奕祥　趙來喜　雙龍王庙水屋　各助錢一千
合双義　姿隆齋
喜　王明義　郭成保　英全順　古廣福　李全
順　馬恒瑞　馮恒慶　賈崇泰　程和玉　吳五
尔　郭夯子　于吳祥　趙文芳　楊門閆氏　王
德瑞　王同善　恒礼　王慎廷　廣善　趙重瑞
廣順　崔官早　慶如　侯宝瑞　王通　韓文彩

重修忠義關帝廟碑記（陰）録文（6）

刘凱　李圉順　趙二十　張安常　白喜壽義
聚當　一美軒　天央齋　慶隆布鋪　盂央局
鴻央木廠　晉豐當　天利齋　南時遇齋　玉品
齋　三和永　順成館　三和布鋪　源遠綜鋪
聚德軒　正央号　義昌公　北央薇軒　宝央館
義聚緞店　全盛号　慶山寺　央瀅煤鋪　大慶
酒店　德懋号　和順源記　天盛木廠　三和棚
鋪　三聚寺　刘松貴　三盂店　昶央号　趙常
山　楊海亮　黄舒昌　以上各助錢五百末

關帝廟

【調查記録】

關帝廟，吉安所左巷門牌十三號。

山門南嚮，石門額"忠義威顯關聖禪林。大清咸豐壬子年重修"。內設天寶順煤棧。有東房一間，東棚一間。

志姓管理。

注 關帝廟位于內六區吉安所左巷 13 號。始建于清乾隆四十三年（1778年）[1]，咸豐二年（1852 年）重修。坐北朝南，廟內建築主要有山門、關帝殿。供奉關帝。

關帝廟山門

北平研究院
北平廟宇調查資料匯編【内六區卷】

［1］ 北京市檔案館：《北京寺廟歷史資料》，北京：中國檔案出版社，1997年，第187頁。

關帝廟

【調查記録】

關帝廟，景山後大街門牌二號。

山門南嚮，木門額"重修關帝廟"。廟一間，内供關帝一尊，坐高五尺。周倉、關平立像，高四尺。馬童各一，高四尺。上像均泥塑。木五供一分。東房三間。

此廟歸那文玉管理。

注 關帝廟位于內六區景山後大街2號。始建年代不詳。坐北朝南，廟内建築主要有山門、關帝殿。供奉關帝、周倉、關平。民國十八年（1929年）寺廟人口登記時有那文玉1人。

關帝廟山門

火神廟

【調查記録】

火神廟，景山後大街門牌十八號。

山門南嚮，石門額"敕賜火神廟。乾隆丁丑年秋七月吉旦"。

北殿三間，爲火神殿，内供火神、關帝、靈官三尊，泥塑，坐高四尺。錫五供三分，"光緒二十九年，營造司各庫作"。馬童各二，高四尺。周倉、關平等像六，立高四尺。上像均泥塑。鐵磬一，"光緒二十九年五月"。東西耳房各一間。

殿左碑一，雲頭，箱座。陽額題"三聖神祠"，首題"建立三聖神祠碑記"，"萬曆歲次辛丑仲冬朔日立"。陰額題"萬古流芳"，下列"内官監總理太監等官"名字。碑身高四尺，寬二尺四寸，厚七寸。頭高二尺一寸。座高一尺六寸，寬二尺八寸，厚一尺三寸。

又碑一，雲頭，箱座。陽額題"萬古流芳"，文記重華宮太監重修火神廟之事。碑陰無額，爲重華宮太監等人題名，"光緒歲次丁未四月初一日"。碑身高四尺四寸，寬二尺，厚六寸。頭高二尺四寸。座高二尺一寸，寬二尺八寸，厚一尺三寸。

右碑一，雲頭，箱座。陽額題"重修三聖祠碑"，首題"重修三聖祠記"，"乾隆歲次丁丑八月朔日竣成"，"道光歲次庚寅　月　日重修"。陰額題"垂之永久"，下爲題名，"嘉慶庚午年菊月重修。焚修僧然明"。碑身高三尺七寸，寬二尺四寸，厚六寸。頭高一尺八寸。座高一尺九寸，寬二尺六寸，厚一尺二寸。

東西配房各三間，無神像。圓鐵爐一，"大清雍正歲次戊申年夏日造"。大鐵鼎一，高一丈，"同種福田。大清乾隆歲次戊寅夏月虔造"，有太監題名。東西小房各一間。又各有小北房一間。院内槐樹一株。

劉滋修管理，此人曾爲太監。

注 火神廟位于内六區景山後大街18號。始建于明萬曆二十九年（1601年），名三聖祠，後改名火神廟。清乾隆二十二年（1757年）、嘉庆十五年（1810年）、

北平研究院　北平廟宇調查資料匯編〔内六區卷〕

道光十年（1830年）、光緒三十三年（1907年）重修。另有記載民國六年
（1917年）重修[1]。坐北朝南，廟內建築主要有山門、火神殿。供奉火神、關
帝、靈官。民國十八年（1929年）寺廟人口登記時有張選蘭1人。

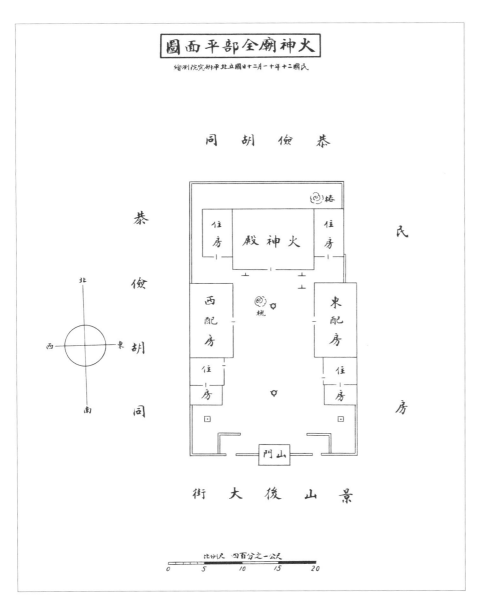

火神廟全部平面圖

原圖比例尺：1∶400

原圖單位：米

原圖尺寸：縱 18.7、橫 14.7 厘米

［1］ 北京市檔案館：《北京寺廟歷史資料》，北京：中國檔案出版社，1997年，第204頁。

火神廟山門

火神廟火神殿

火神廟火神像

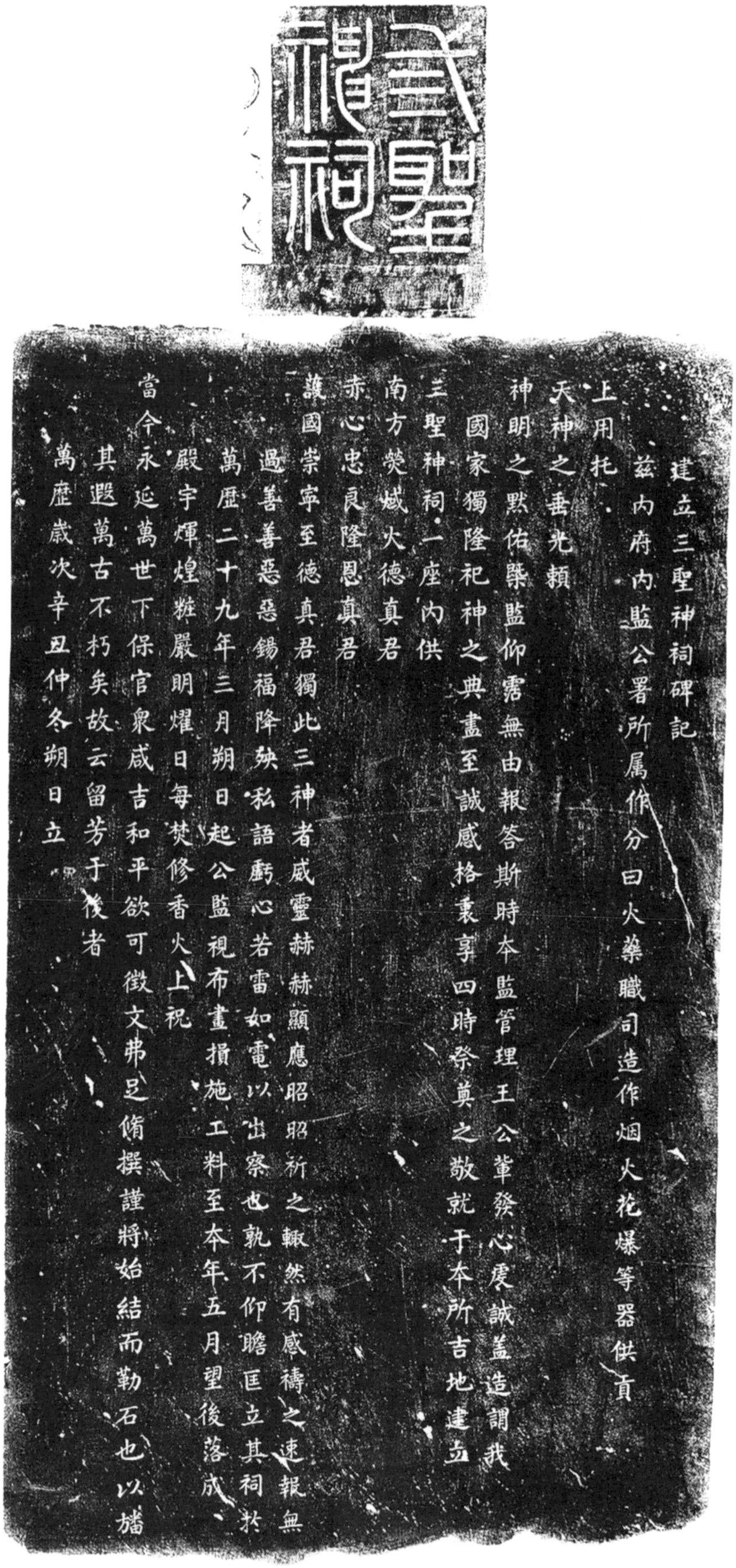

建立三聖神祠碑記

茲內府內監公署所屬作分曰火藥職司造作煙火花爆等器供貢

上用托

天神之垂光顯

神明之默佑藥監仰冀無由報答斯時本監管理王公華發心虔誠盖造作謂我

國家獨隆祀神之典盡至誠感格裹享四時祭奠之敬就于本所吉地建立

三聖神祠一座內供

南方燄燄火德真君

赤心忠良隆恩真君

護國崇寧至德真君獨此三神者威靈赫赫顯應昭昭祈之輒然有感禱之速報無

過善善惡惡錫福降殃私語虧心若雷如電以出察也執不仰瞻匡立其祠於

萬曆二十九年三月朔日起公監視布畫損施工料至本年五月聖後落成

殿宇輝煌妝嚴明耀日每焚修香火上祝

當今永延萬世下保官泉咸吉和平欲可徵文弗足脩撰謹將始結而勒石也以旛

其遐萬古不朽矣故云留芳于後者

萬曆歲次辛丑仲冬朔日立

建立三聖神祠碑記（陽）

明萬曆二十九年（1601年）刻

拓片縱146、橫68厘米

建立三聖神祠碑記　三聖神祠額

茲内府内監公署所屬分曰火藥職司造作烟火

花爆等器供責　上用托天神之垂光賴　神明

之默佑藥監仰需活無由報答斯時本監管理王公筆

發心慶誠造謂我國家獨隆祀神之典盡至誠感

格裏享四時祭奠之敬就于本所吉地建立　三聖

神祠一座内供　南方熒域火德真君　赤心忠良

隆恩真君　護國崇寧至德真君獨此三神者威靈

赫赫爾應昭昭祈禱之輒然有感禱之速報無過善善

惡惡錫福降殃私語虧心若雷如電以出察也孰不

仰瞻匡立其祠於　萬曆二十九年三月朔日起公

監視布畫損施工料至本年五月望後落成殿宇輝

煌粧嚴明耀日每焚修香上祝　當今永延萬世

下保官泉咸吉和平欲可徵文弗乏脩撰謹將始結

而勤石也以矯其選萬古不朽矣故云留芳于後者

萬曆歲次辛丑仲冬朔日立

建立三聖神祠碑記（陽）錄文

北平研究院

北平廟宇調查資料匯編

〔內六區卷〕

建立三聖神祠碑記（陰）

拓片縱 146、橫 68 厘米

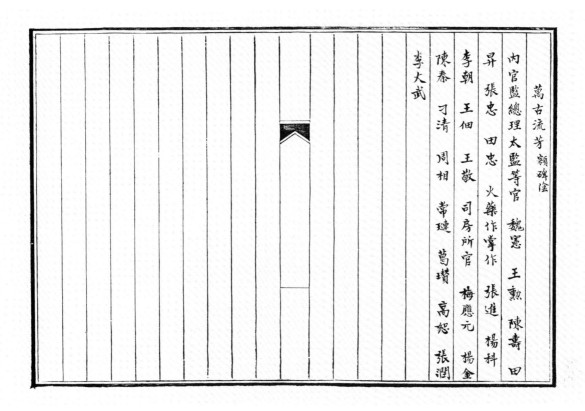

萬古流芳 額碑陰

內官監總理太監等官 魏憲 王勳 陳壽 田

昇 張忠 田忠 火藥作掌作 張進 楊科

李朝 王佃 王敬 司房所官 梅應元 楊金

陳泰 刁清 周相 常璉 葛瓚 高恕 張潤

李大武

建立三聖神祠碑記（陰）録文

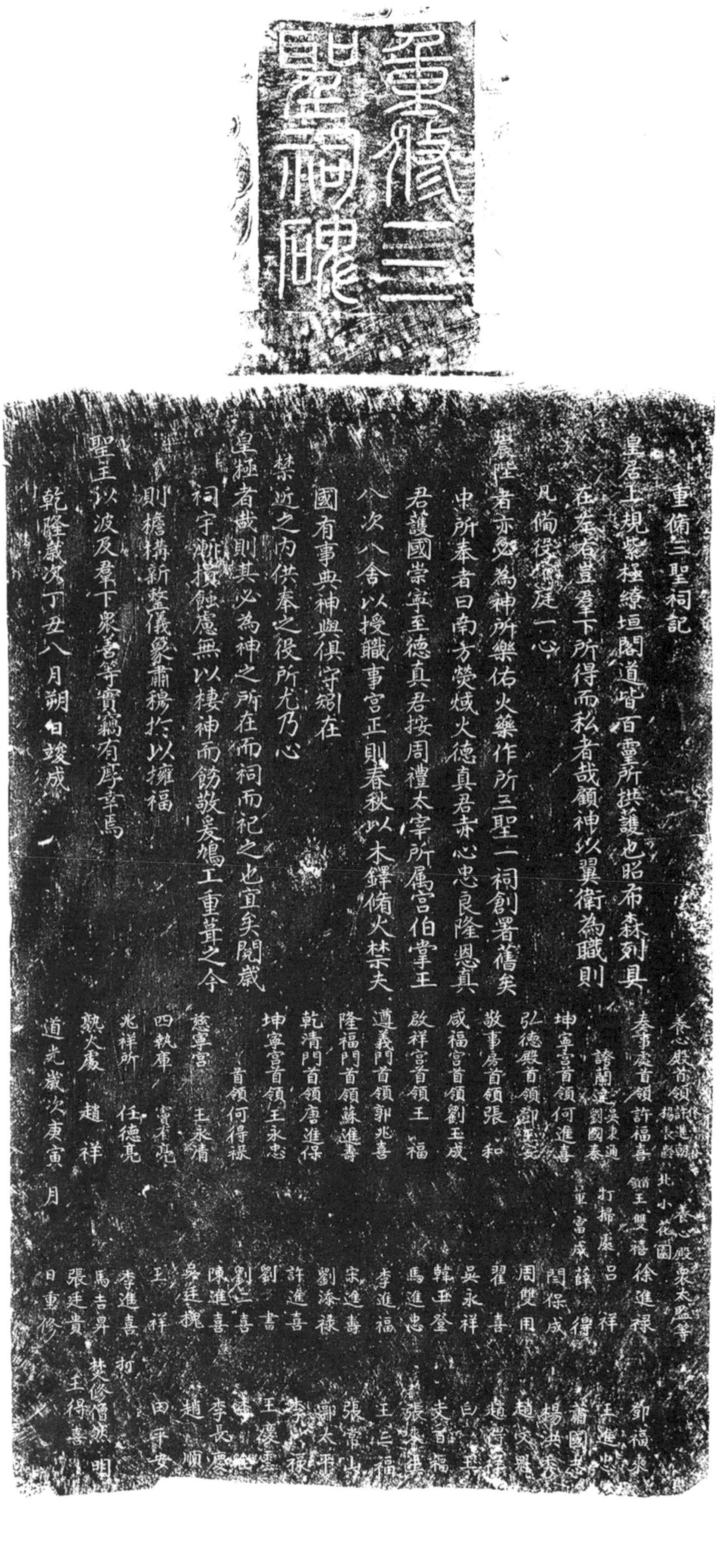

重修三聖祠記

重修三聖祠記（陽）
清乾隆二十二年（1757年）刻
拓片縱141、橫67厘米
注：此碑爲兩層刻，上爲清乾隆二十二年記，下爲清道光十年（1830年）題名。

重修三聖祠記

重修三聖祠碑穎

皇居上規紫極繚垣閟道皆百靈所拱護也昭布森列

具在左右豈下所得而私者哉顧神必翼衛為職

則凡備役掖庭一心宸隆者亦必為神所樂佑大

藥作所三聖一祠創署舊吳中所奉者曰南方熒域

火德真君赤心忠良隆恩真君護國崇真君

挨居禮太宰所屬宮伯掌王八次八舍以授職事宮

正則春秋以木鐸脩火禁夫國有事典神與俱守刬

在禁近之內供奉之役斯尤乃心　皇極者哉則

其必為神之所在而祠而祀之也宜矣閱歲祠宇漸

損蝕慮無以棲神而飭敬爰鳩工重葺之今則橝構

新蕆儀象肅穆扵以攤福　聖主以波及群下眾善

等實籲有厚章焉

乾隆歲次丁丑八月朔日竣成

養心殿首領佟喜　許進朝　楊長齡　奏事處首

領許福喜　誇蘭達吳秉通　劉國泰　坤寧宮首

領何進喜　弘德殿首領鄧玉安　敬事房首領發

咸福宮首領劉玉成　啟祥宮首領王福　遵

和

儀門首領鄭兆喜　隆福門首領蘇進壽　乾清門

重修三聖祠記（陽）録文（1）

首領唐進保　坤寧宮首領王永忠　首領何得禄

慈寧宮王永清　四執庫寶有亮　兆祥所任德亮

熟火處趙祥　養心殿象太監等　北小花園首領

王双喜　打掃處董富成　徐進禄　呂祥　薛得

閣保成　周双用　翟喜　吳永祥　韓玉登　馬

進忠　李進福　宋進壽　劉濟禄　許進喜　劉

書刘二喜　陳進喜　吳廷槐　王祥　李進喜

馬吉升　張廷貴　鄧福來　王進忠　麦百福　張

楊洪秀　趙文魁　趙得祥　白玉　麦百福　張

來生　王三福　張常山　郭太平　李口禄　王

慶云　李全　李長慶　趙順　田平安　樊修僧

然明　王得喜

道先歲次庚寅月日重修

重修三聖祠記（陽）録文（2）

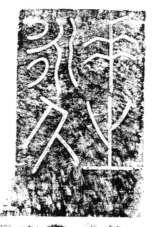

重修三聖祠記（陰）

清嘉庆十五年（1810年）刻

拓片縱140、橫68厘米

重修三聖祠記（陰）録文（1）

垂之永久額

乾清宮宮殿監督領侍劉玉　正侍魏珠　副侍潘

執笤侍李金　王明貴　楊茂　文岱

鳳　張永泰　孫從善　劉文玉　郭進朝　王吉

祥　張永泰　孫從善　劉文玉　郭進朝　劉義文

李文照　養心殿首領白永安　詹東舟　劉義文

太監孔成祿　葉明亮　盧忠　盧奉德　張進喜

曹謙　徐進祿　張進祿　宗喜　阮進喜　王進

孝　太監陳麒麟　陳興邦　蔣魁　劉瑞　朱興

邪　劉存玉　王昆　劉進朝　張德明　黄文瑞

陳進忠　李福　胡進忠　高進忠　徐慎　于京

趙義德　張春　李有德　王輔龍　丁進玉　王

玉　劉長保　佟喜　賀官保　楊昌齡　許進朝

薛平　王福　蘇進壽　王來双　呂喜　高尚

王明　郭兆喜　趙得成　呂喜　孫洪亮　向慶禮

志　錢進喜　周双用　馬貴麟　閻保成　薛德

王喜　王成玉　楊天喜　韓朝奉　蔣進朝　趙

天義　劉福　徐德祿　唐周泰　劉保成　王明

陳周泰　李明德　張進祿　張進玉　張成義

何保　王玉璽　張進福　石得壽　崔進祿　宗

重修三聖祠記（陰）録文（2）

保安　劉士德　李禧　馬進忠　瞿喜　張世英

辛迎喜　吳吉祥　韓玉登　郭生　劉進喜　閆

住　劉成福　王永清　張勝　張進福　焚修僧

湛泰

嘉慶庚午年菊月重修　焚修僧然明

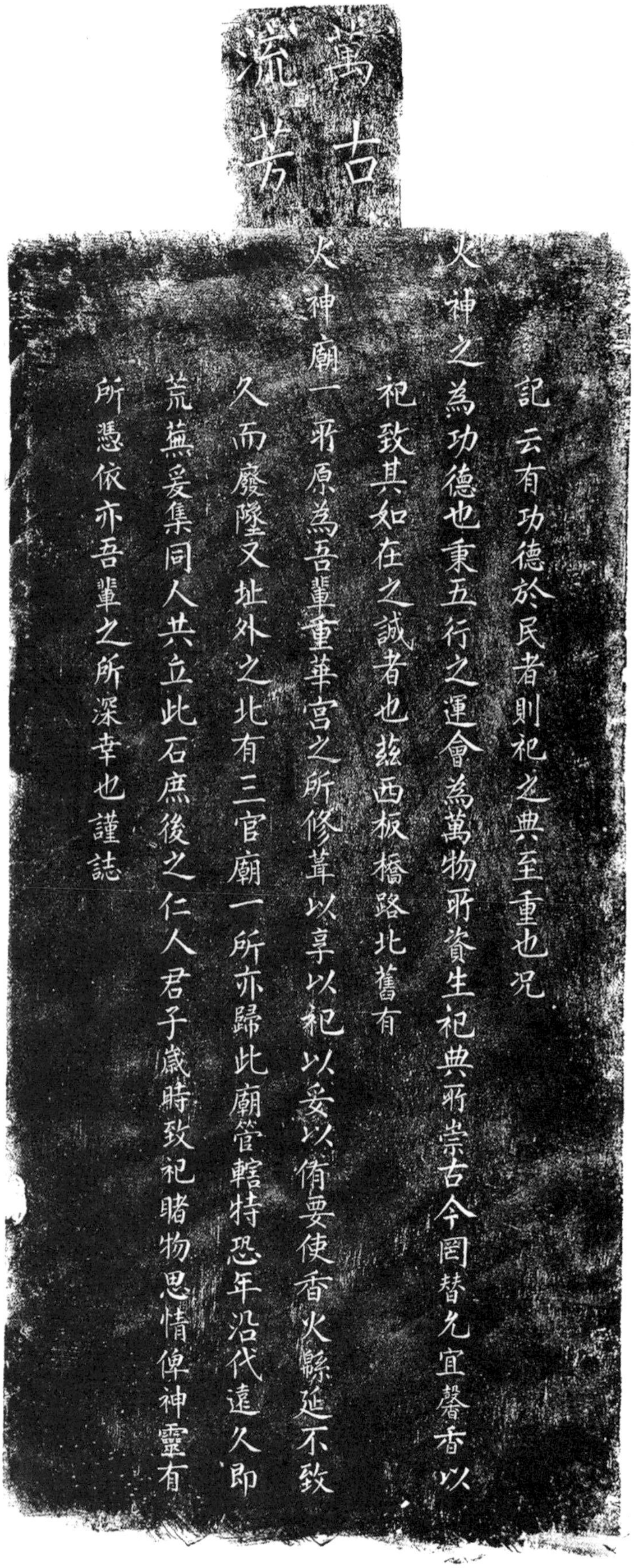

萬古流芳

記云有功德於民者則祀之典至重也況

火神之為功德也秉五行之運會為萬物所資生祀典所崇古今罔替允宜馨香以

祀致其知在之誠者也兹西板橋路北舊有

火神廟一所原為吾董重華宮之所修葺以享以祀以妥以侑要使香火縣延不致

久而廢隆又址外之北有三官廟一所亦歸此廟管轄特恐年沿代遠久即

荒蕪爰集同人共立此石庶後之仁人君子歲時致祀睹物思情俾神靈有

所憑依亦吾輩之所深幸也謹誌

重華宮修火神廟碑（陽）

清光緒三十三年（1907年）刻

拓片縱 153、橫 63 厘米

記本有功德於民者則祀之典至重也況火神之
為功德也乘五行之運會為萬物所資生祀典所重
古今因替允宜馨香以祀致其如在之誠者也茲西
板橋路北舊有火神廟一所原為吾輩重華宮之
所修葺以享以祀以妥以侑要使者火縣延不致久
而廢墜又址外之北有三官廟一所亦歸此廟管轄
特恐年沿代遠久即荒蕪爰集同人共立此石庶後
之仁人君子歲時致祀睹物思情俾神靈有所憑依
亦吾輩之所深幸也謹誌

重華宮修火神廟碑（陽）録文

重華宮

總管趙得喜 太監　　　陸連榮　王蘭山　高存順

首領駱恒慶　　　　　　杜昌寶　王存志　姚廣順

首領王長壽　　　　　　馬和祿　王存海　龐寶光

　　　　　　　　　　　鄭恒才　蔡福海　張有喜

光緒歲次丁未四月初一日　吳存恒　朱金林　任興廣

　　　　　　　韓來玉　劉雙如　張進蘭　趙瑞發

　　　　　郭慶芝　姚昌景　張興奎　張獻才

　　　　崔進林　田廣泰　張恒林

　　　　　李進才　　薰沐敬立

重華宮修火神廟碑（陰）

拓片縱130、橫62厘米

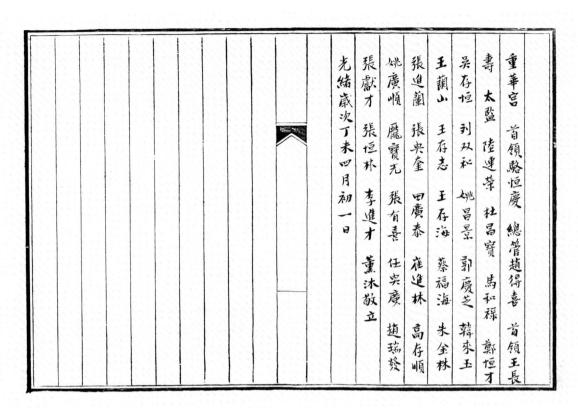

重華宮　首領駱恆慶　總管趙得喜　首領王長

壽　太監　陸連榮　杜昌寶　馬和祿　鄭恆才

吳存恆　劉双和　姚昌景　郭慶芝　韓來玉

王蘭山　王存志　王存海　蔡福海　朱全林

張進蘭　張央金　田廣泰　崔進林　高存順

姚廣順　龐寶元　張有喜　任央慶　趙瑞發

張獻才　張恆林　李進才　薰沐敬立

光緒歲次丁未四月初一日

重華宮修火神廟碑（陰）錄文

長春寺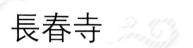

【調查記録】

　　長春寺，西板橋大街門牌二十六號。

　　山門西嚮，石門額“長春寺”。前院南北房各二間。

　　東殿三間，木匾額“佛光普照。丁巳季秋上浣”。内供關帝一尊，坐高六尺。童像二，立高四尺。左藥王，童二。右財神，童三。大小與關帝等。錫五供三分。木魚一。銅磬一。廊下鐵鐘一，“雍正十二年冬月吉日造”。鼓一。左右耳房各一間。

　　南北配房各三間，内供大小銅、木佛多尊。

　　鐵鼎一，高五尺。圓鐵爐一，“道光二十九年五月吉日造”。

注　長春寺位于内六區西板橋大街26號。始建年代不詳，一說建于民國六年（1917年）[1]，寺内有清雍正十二年（1734年）鐵鐘、道光二十九年（1849年）鐵爐。坐東朝西，寺内建築主要有山門、關帝殿及南北配殿。供奉關帝、藥王、財神。民國十八年（1929年）寺廟人口登記時有覺賢1人。

［1］　北京市檔案館：《北京寺廟歷史資料》，北京：中國檔案出版社，1997年，第76頁。

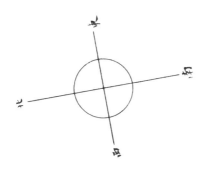

圖面平部全寺春長

繪測院究研平北五國日十二月一十年十二國民

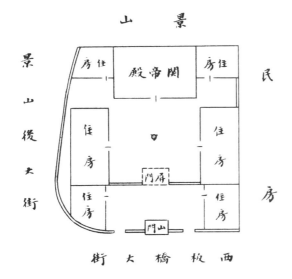

景　山

景山後大街

民

房

街　大　橋　枚　西

長春寺全部平面圖

原圖比例尺：1：400

原圖單位：米

原圖尺寸：縱 19.9、橫 10.7 厘米

長春寺山門

長春寺關帝殿

華嚴寺

【調查記録】

華嚴寺，内織染局門牌一號。

山門南嚮，木門額"佛道華嚴寺。光緒二十五年中秋月吉立。多羅順承王敬書。住持悦輝修"。東嚮車門一。

山門殿三間，内供關帝。鐵磬一，"京都地安門内東板橋織染局佛道華嚴寺衆等敬獻。大清咸豐八年十月穀旦立"。木五供一分。

第二殿，供三清教主，東面東岳，西面真武。鐵磬一，"乾隆二十四年"。後面韋馱。

殿前碑四，皆爲巾箱座。殿左兩碑剥落無字。殿左碑一，高三尺，寬二尺，厚五寸。頭高一尺五寸。座高一尺七寸，寬二尺五寸，厚一尺四寸。左又碑一，高三尺六寸，寬二尺，厚五寸。頭高一尺八寸。座高一尺八寸，寬三尺，厚一尺五寸。

殿右碑一，陽額題"華嚴寺記"，"康熙歲次癸巳□□□□□□□"。陰額題"萬古流芳"。碑文漫漶不清。

右又碑一，陽額題"鑄造鐘鼓記"。陰無額，下列太監等人名。碑文漫漶不清。

東配殿三間，供東岳。西配殿三間，供達摩。殿前鐵鼎一。西配殿之北側又有配殿三間，内供娘娘三尊，南側吕祖、藥王。錫五供二分。磁爐二。鐵磬一，"大清光緒三十一年"。

第三殿，木匾額"真實不虛。同治庚午冬至月，弟子錫慶薰沐撰書"。木聯"過去未來現在心不可得；眼耳鼻舌身意色即是空。同治九年歲次庚午穀旦，悟忍侍者薰沐撰并書"。内供三世佛木像，連座高六尺。大香爐，銅蠟扦，磁爐，錫五供，一堂全備。東西有十八羅漢木像，高四尺。大銅鐘一口，"内織染局大明正德十四年六月吉日造"。銅爐一，"大明宣德年製"。大殿東西耳房各三小間。

東西配殿各三間，北耳房各一間。

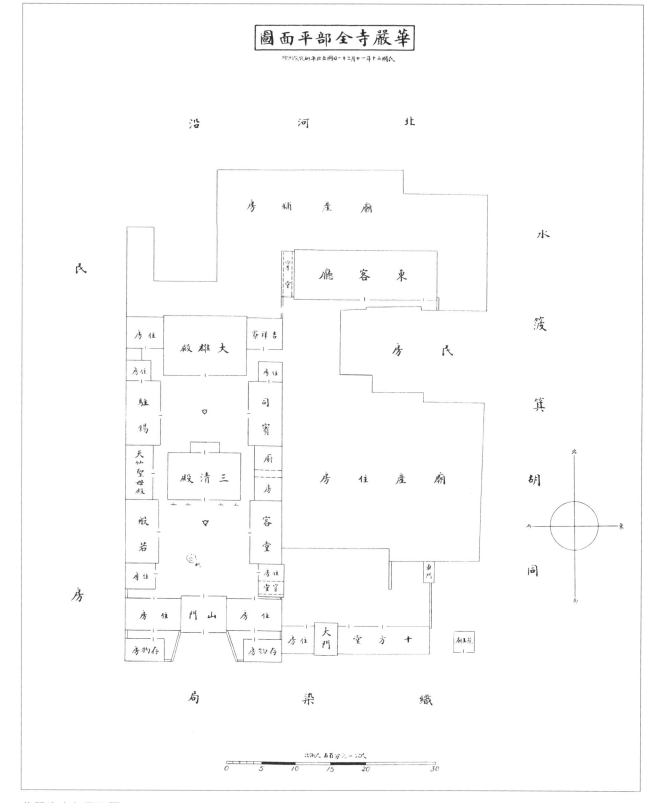

華嚴寺全部平面圖

原圖比例尺：1：500

原圖單位：米

原圖尺寸：縱 26.9、橫 21.6 厘米

院内銅鼎一，款磨滅，大約明代物，周身花紋，帶銅座，高約四尺五寸。

東跨院北房七間，停放靈柩。

住持僧修然，傳臨濟正宗。

注 華嚴寺位于內六區內織染局1號。原爲明代（1368～1644年）內織染局佛道堂，爲該局太監所立。明弘治及嘉靖年間先後兩次重修[1]。清康熙五十二年（1713年）改建，名華嚴寺，乾隆年間（1736～1795年）此處廟宇名爲"華嚴庵"[2]，光緒二十五年（1899年）重修。坐北朝南，寺內建築主要有山門、三清殿、大雄殿、天仙聖母殿、十方堂等。供奉三清教主、東岳大帝、真武大帝、韋馱、達摩、三世佛、十八羅漢、娘娘、呂祖、藥王。民國十八年（1929年）寺廟人口登記時有修然等4人。

華嚴寺山門

［1］ 許道齡：《北平廟宇通檢》，北平：國立北平研究院，1936年，第91頁。

［2］ 第一歷史檔案館、故宮博物院編：《清乾隆內府繪製京城全圖（第二函）》，北京：紫禁城出版社，2009年，104-5Z3。

華嚴寺東側大門

華嚴寺三清殿

華嚴寺大雄殿

華嚴寺大雄殿佛像

華嚴寺大雄殿前銅鼎

華嚴寺大雄殿銅鐘

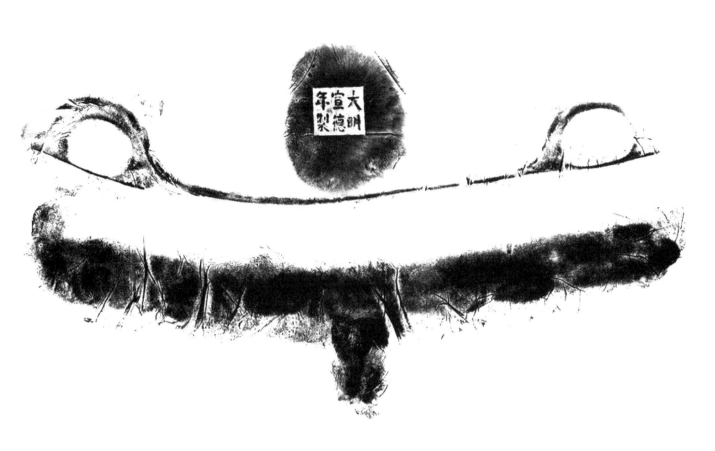

華嚴寺銅爐銘文

明宣德年間（1426～1435 年）鑄

拓片縱 34、橫 69 厘米

華嚴寺銅鐘銘文

明正德十四年（1519年）鑄

拓片縱96、橫112厘米

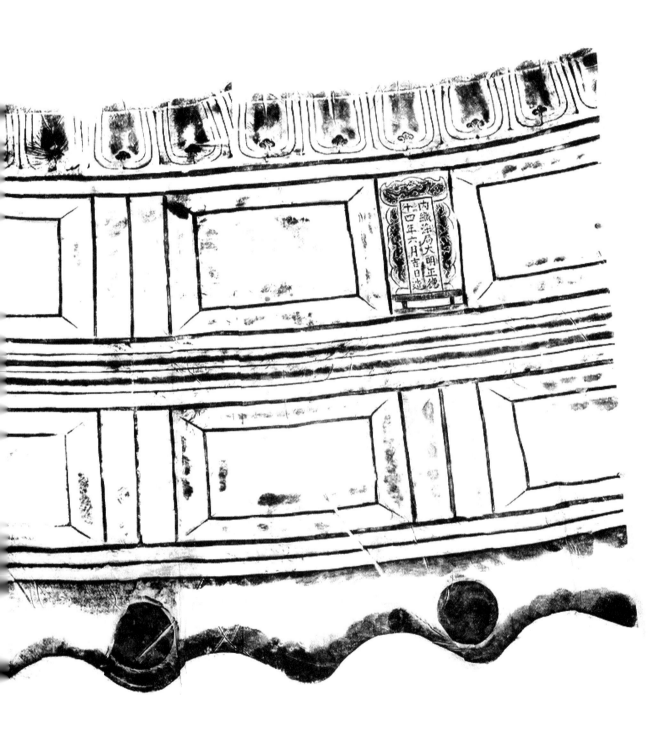

内织染局大明正德十四年六月吉日造

華嚴寺記（陽）

清康熙五十二年（1713年）刻

拓片縱 128、橫 64 厘米

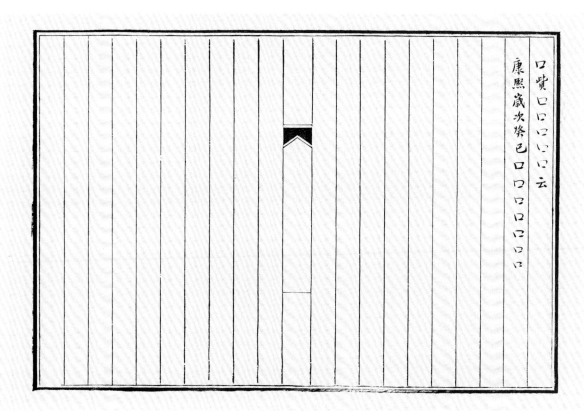

華嚴寺記（陽）録文（1）

華嚴寺記（陽）録文（2）

華嚴寺記（陰）

拓片縱 130、橫 64 厘米

信官　費揚古　多尔吉　伯一起　蔴達塞　蔚
王三　王赶生　花口色　馬成口　楊進勒　偏
同　口口奇　信士　芳口口　何勒口　口合
阿玉世　伱于哈　楊四黑　朱七六　口口口
口口義　偏頭　得会　宝林　巴尔泰　口口口
吉作口　芳弘敬　口口口　存口口　刘口口
内務府總管織染局　郎中張口口　員外薩哈運
烏口口加六級年屬　信官　五哥　康三兄　口
口口口口口口　李口衡　口口口　口口口
口口　口王口　口庫　查口木　保哥　福寿
元宝　口口口　口口口　口口口　信士
張永茂　口口筆　閻口敬　口口珍　口口口
口口口　夏国口　口文炳　孫子振　王国俊
口口口　陳口口　口口口　張口口　王口口
王天佑　王進忠　金洪　王進孝　于口祥阎
居三　王天善　信宫　口功漢　朱倫　羅末口
信士　口口口　王之口　口口口

華嚴寺

華嚴寺記（陰）録文

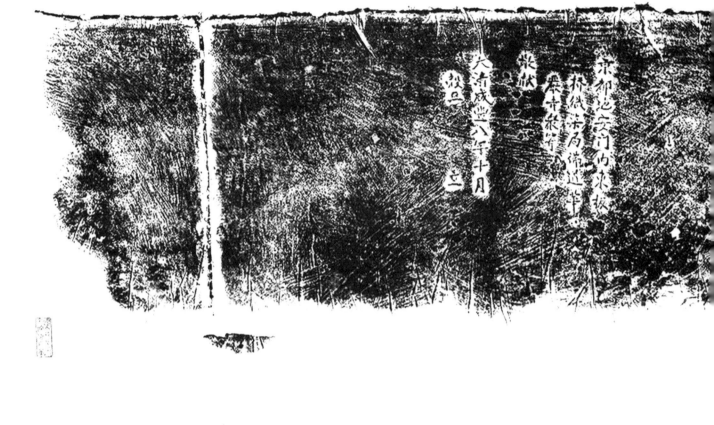

華嚴寺鐵磬銘文
清咸豐八年（1858年）鑄
拓片縱 49、橫 133 厘米

京都地安門內東板橋織染局佛道華嚴寺眾等

敬獻

大清咸豐八年十月　穀旦

鑄造鐘鼓記（陽）

碑文漫漶不清，刻碑年代不詳
拓片縱 135、橫 68 厘米

鑄造鐘鼓記 額
通議口口口口口口口口口口口口口口口口曰撰
并書　口口口口口口口口口口口口篆額
口口口口口口口口口口口口雖曰於人心然對口
口口口口口口口口口口口口口恐受用其誠口口
口口口口口口口口口口口口口口口口门子於群
公發心創口口口口口口口口口口口口口心亡可
無口口口口十之口又后夔典樂奏於郊廟口口口
口口口口口口口口口口口口也革為口口口音也
維鐘口口口口口入口口口口於口口口口口口無
異於口口口口口口口口口口口口而為樂音之口
口口然則口口口口口口口口亦口亠口者口口口
口同則從聲比則應故心和則口口口口口口口口
口口口口口口則天地之和應矣由是郊焉而天神
格口口口口必口口口口口口口之祥口口口口
口口非人心一念之誠以為之口口口口口口口口
口口口口口口　聖口之女有口所心為心口口
口口口口口口口口口口口之口禮上以祝口口口
口口口口口口口口口口口口　聖壽於無疆口口

鑄造鐘鼓記（陽）録文（1）

以祈生民於悠久口口口口口口口口口口口口者
盛世冂口口口於長春斯民等於太和亦公之至德
口口口之口口口口石以口悠遠將口口口善於後
人一口口之餘口口口口口口口口口口口口心口
口為記
口口口口歲次己卯口口口口口口

鑄造鐘鼓記（陽）録文（2）

鑄造鐘鼓記（陰）

拓片縱 136、橫 68 厘米

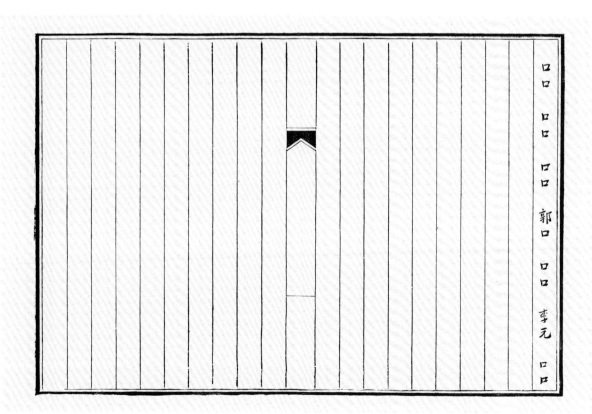

鑄造鐘鼓記（陰）録文（1）

鑄造鐘鼓記（陰）録文（2）

龍王廟

【調查記録】

龍王廟，水簸箕門牌三號。

小廟一間，無神像，屬于華嚴寺。

注　龍王廟位于内六區水簸箕3號。始建年代不詳。一間殿，當街廟。供奉龍王。
龍王廟附屬于華嚴寺。

關帝廟

【調查記録】

關帝廟，北河沿門牌六號。

現爲内六區第二分駐所。

小門樓一座。北房三間，穿堂門。正殿無神像。東西配房各三間。

注 關帝廟位于内六區北河沿6號。始建年代不詳。坐北朝南，廟内建築主要有山門、正殿及配房。原供奉關帝，調查時已無神像。

關帝廟山門

關帝廟正殿

興隆寺

【調查記録】

興隆寺，酒醋局門牌十一號。

山門南嚮，門額"朝陽興隆寺"，另有旁門西嚮。

正殿東大殿三間，木匾額"慈雲永護。咸豐丙辰年巧月吉日敬立。長白弟子曾維薰沐拜"。內供釋迦佛一尊，泥塑，高六尺。錫五供一分。左觀音一尊，右娘娘三尊，前面小銅佛像九尊，高尺餘。

西殿一間，供華佗塑像，高三尺。錫爐一，"光緒三年，信士弟子張新慶"。錫蠟扦一對。

南殿三間，供關帝一尊，泥塑，高五尺。

北殿三間，供觀音三尊，及銅、木、泥等像，高八寸。

東後殿三間，達摩像一尊，泥塑，高五尺。鐵磬一，"萬曆年造"，雲頭花。鐵爐、蠟扦。

住持僧恒玉，傳臨濟宗。

注　興隆寺位于內六區酒醋局11號。原爲明代（1368～1644年）酒醋局的佛堂，太監捐資修建。清代（1644～1911年）重建改名興隆寺[1]。門額爲"朝陽興隆寺"。山門南嚮，正殿坐東朝西，寺內建築主要有山門、釋迦殿、華佗殿、關帝殿、達摩殿等。供奉釋迦佛、觀音、娘娘、華佗、關帝、達摩。民國十八年（1929年）寺廟人口登記時有恒玉1人。

[1]　國家文物局主編：《中國文物地圖集·北京分册（下）》，北京：科學出版社，2008年，第31頁。

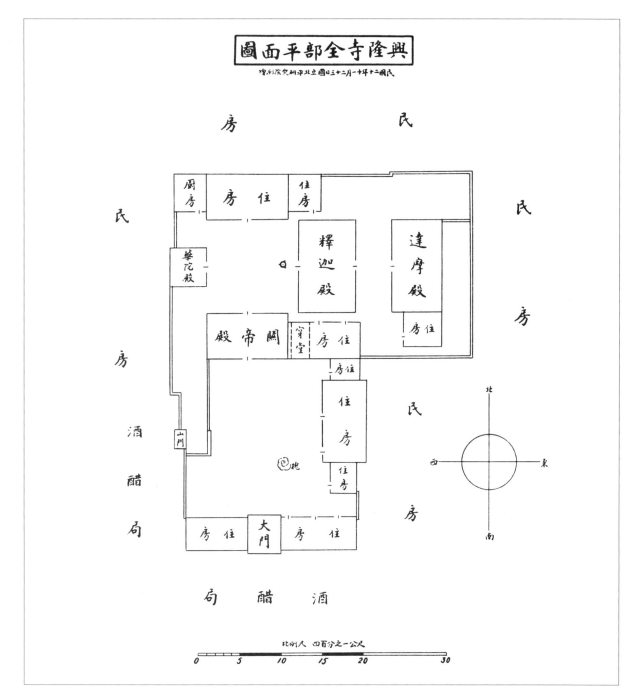

興隆寺全部平面圖

原圖比例尺：1：400

原圖單位：米

原圖尺寸：縱 19.4、橫 17.4 厘米

興隆寺山門

興隆寺釋迦殿

興隆寺關帝殿

普勝寺

【調查記録】

普勝寺，火神廟門牌五號。

山門南鄉，木門額"普勝寺。中華民國五年陽曆九月十七日立。石達子廟"。山門殿三間，供關帝一尊，泥塑，高五尺。鐵五供一分。鐵磬一。左娘娘像，泥塑，高三尺。右觀音像，木質金身，高二尺。

北殿三間，木門額"靈佑火祖廟。同治癸酉年閏六月吉立"。供火神一尊，泥塑，高六尺。左右立像六尊，泥塑，高五尺。鐵五供一分。鐵磬一，梵文六字真言。東西配房各三間。

北後殿三間。東西配房各三間，西房有北耳房二間。

此寺係雍和宮下院，住持喇嘛阿旺。

注 普勝寺，又名火神廟，俗稱石達子廟、十達子廟，位于內六區火神廟5號。普勝寺原位于東安門緞匹庫東南，始建于清順治八年（1651年），寺基爲明南城舊址，爲清朝初年所建的三大寺廟之一。清乾隆九年（1744年）、四十一年（1776年）兩次重修，清初爲番僧惱木汗在北京的駐錫處。民國初年再次重修并改爲"歐美同學會"會址。普勝寺喇嘛奉命遷移至地安門內東板橋火神廟，即現址[1][2][3]。坐北朝南，寺内建築主要有山門殿、火神殿、後殿及配殿，其火神殿尚有木額"靈佑火祖廟"。供奉關帝、娘娘、觀音、火神。普勝寺爲雍和宮下院。民國十八年（1929年）寺廟人口登記時有張巴大馬等7人。

［1］ 許道齡：《北平廟宇通檢》，北平：國立北平研究院，1936年，第82、93頁。

［2］ 吴廷燮等：《北京市志稿（八）》，北京：北京燕山出版社，1997年，第250頁。

［3］ 國家文物局主編：《中國文物地圖集·北京分冊（下）》，北京：科學出版社，2008年，第35頁。

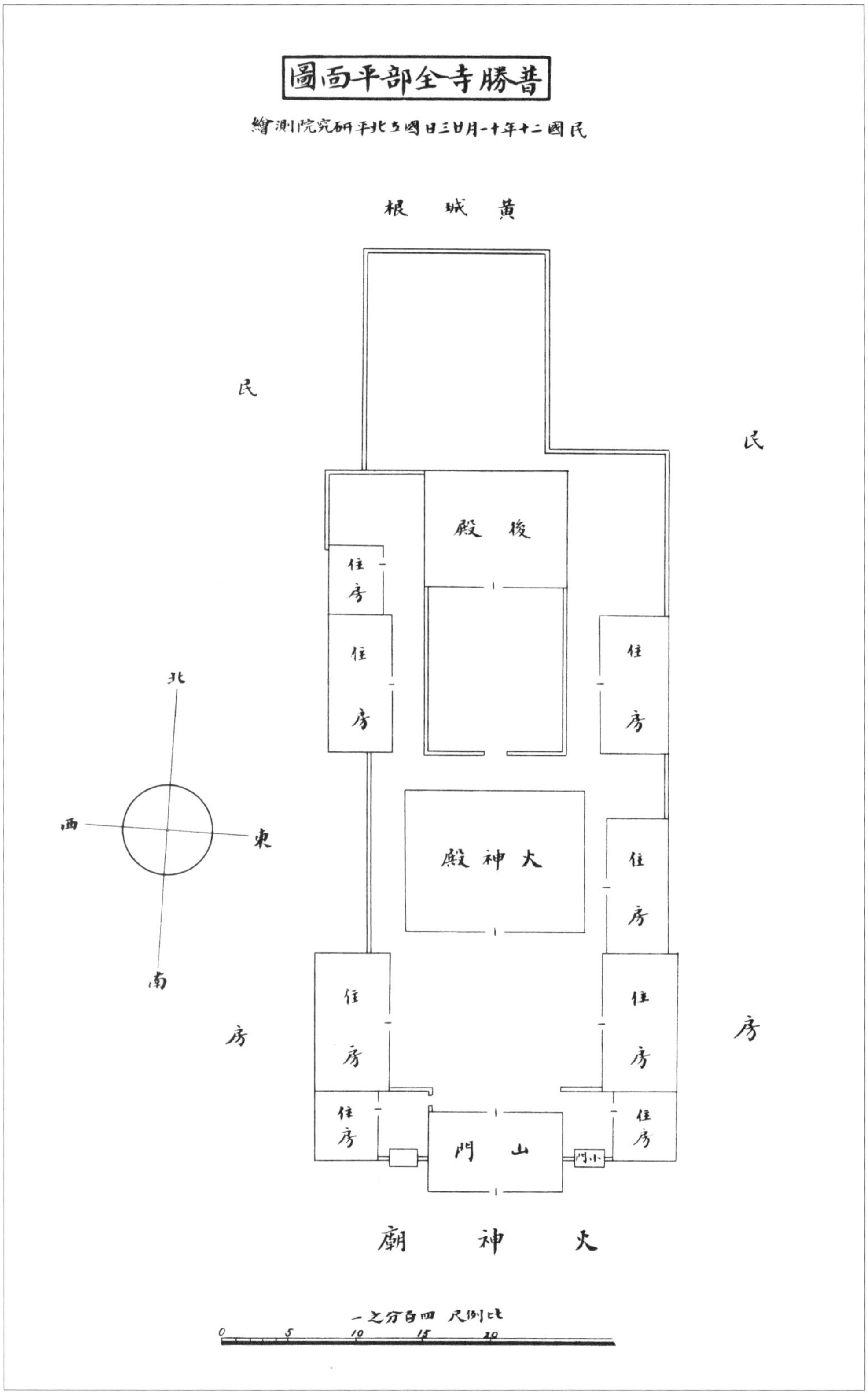

圖面平部全寺勝普

民國二十年十一月廿三日 &國立北平研究院測繪

黃城根

民

民

後殿

住房
住房
房

住房
房

大神殿

住房
房

住房
房

民

北
西 東
南

住房
房

住房
房

住房
房

住房
房

山門

小門

火神廟

比例尺 四百分之一
0 5 10 15 20

普勝寺全部平面圖

原圖比例尺：1∶400

原圖單位：米

原圖尺寸：縱 24.6、橫 15.1 厘米

普勝寺山門

普勝寺火神殿

普勝寺後殿

普勝寺火神像

慈慧寺

【調查記録】

慈慧寺，北月牙胡同門牌六號。

山門南嚮，石門額"護國龍泉慈慧禪林。大清光緒丙午，住持僧達通募化重修"。山門殿三間，内供關帝一尊，泥塑，高六尺。左右立像四。灰漆五供一分。鐵磬一，"大清□□二十三年，住持僧慈明"。後面韋馱一尊，木質金身，高四尺。院内鐵鼎一，"光緒十八年十二月吉日"。

北殿三間，木匾額"慈航普度。光緒丙午穀旦，住持僧達通募化重修"。鐵鐘一，"康熙二十五年"。内供千手佛一尊，木像金身，高六尺，蓮花座。銅五供一分。上有木匾額"慈昭寰海。宣統三年孟夏穀旦，欽加二品銜花翎湖南衡永郴桂道錫齡阿敬立"。

殿左碑一，陽額題"永垂不朽"，首題"重修慈慧寺碑記"，"花翎提舉銜選用分州己酉科優貢生奉天張之漢撰文。宣統三年六月上旬，奉天寧遠州優廩生楊世勇敬書"。陰額題"萬善同歸"，下爲題名，"大清宣統三年歲次辛亥六月　日"。碑身高四尺，寬二尺一寸，厚七寸。頭高二尺。座高一尺八寸，寬二尺七寸。

殿右碑一，陽額題"萬古長春"，首題"敕建古慈慧寺中興碑序"，"敕建法源寺楚衡沙門道階槃譚撰。宣統三年六月上旬，住持僧達通敬立"。陰額題"千秋永固"，首題"重建慈慧寺碑"，"住持僧常真謹識。大清宣統三年歲次辛亥　月　日建"。

此寺係張相公廟下院。住持僧三果。

注　慈慧寺位于内六區北月牙胡同6號。始建年代不詳，明代司設監以寺爲私廨，其地俗稱司設監。監廢後，以寺得名曰慈慧殿。清康熙年間（1662～1722年）重修[1]，清乾隆年間（1736～1795年）此處廟宇名爲"慈慧殿"[2]。後又于光

[1]　許道齡：《北平廟宇通檢》，北平：國立北平研究院，1936年，第95頁。

[2]　第一歷史檔案館、故宮博物院編：《清乾隆内府繪製京城全圖（第二函）》，北京：紫禁城出版社，2009年，106-5Z5。

緒三十二年（1906年）、宣統三年（1911年）重修。坐北朝南，寺內建築主要有關帝殿（即山門殿）、千手佛殿、佛樓。供奉關帝、韋馱、千手佛。慈慧寺屬張相公廟下院。民國十八年（1929年）寺廟人口登記時有安慧1人。

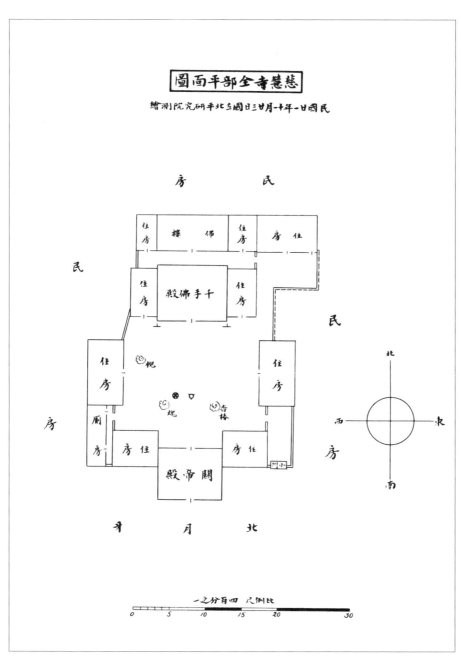

慈慧寺全部平面圖

原圖比例尺：1：400

原圖單位：米

原圖尺寸：縱 20.6、橫 14.7 厘米

慈慧寺山門殿

慈慧寺千手佛殿

永垂不朽

重修慈慧寺碑記

華嚴寶讚云法不孤起道不虛行續佛慧命必有其人疑哉言寺蓋於道通禪師修復慈慧佛寺益信之矣寺在京師
地安門內左偏報始年代莫可考前明司設監以寺為廟其地鴉平司設監慶後以寺仍名曰慈慧殿至今仍之明
宮監多最張緣為私廟意當時寺必宏廓碑碣無存莫徵舊址
國初由僧榮住持自潛真和尚修葺後遞傳慈明雲四十年殿傾堵圮蕭索已極慈明圓寂付徒姪俊祥主香火益印荒

朝廷辛聯軍入京俊祥因避兵所廷不敢歸寺計歲達通苦無資斧潛往大寺堅請凡香火於達
本微龠尚能結巢之不若矣送達師前住吉祥庵有某內監攜五十金逃難懼外兵故往求焉達師如言托
時息公祝川官兵部正郎都下縉紳多與有舊許集親友為募緣且為先拆廟而後募緣則資易集善緣將前殿三楹正殿三
修整宣統元年天萬壽寺傳戒之緣適至錦州建樓三楹廡十間以平臺兩間並三十三祖並龍泉祖堂下本阿彌
火牛達師起而圖畫之貴高無出息公之公子繼其父志慨然助二百金莊嚴祖具乃告落成時先緒三十二年九月也次
代入中華其間盛衰興廢倚伏循環雖寺之販依之人也庚子變起三寶鈞光教式微因有感斯道拆廟
陀佛殿閣珠琅瑜佛光煥暎睇佛界之板依實為之也之秋縣是釋氏宗傳於一綫乎而慈數百年之古刹得免於
有負心苦行百折不回如達師者其能於晦盲否塞之秋續佛慧命必有其人微達師其誰與歸那是為記
劫花塵遮為瓦礫固達師維持佛界之功然猶顯是者也續佛慧命必有其人微達師其誰與歸那是為記

宣統三年六月上旬 分州已百科優貢生本天張俊亭 奉天儀達州俊才生楊世芳敬書

北平研究院
北平廟宇調查資料匯編【內六區卷】
二三六

重修慈慧寺碑記（陽）
清宣統三年（1911年）刻
拓片縱138、橫63厘米

萬善同歸

今將捐助修建佛樓刻立碑記

諸善士芳名列登於後

頭品頂戴花翎葡京城守尉瓌
元衛延恩輕車都尉敷貴佐領
奏東廳行走內務府　郎　那

欽命花翎二品銜候選道楊煥崀　助銀五十兩
花翎二品銜甘肅道恒啟　助銀五十兩
信士弟子鳳真孝照　助銀一百兩
花翎二品頂戴上駟苑
院正卿　　林　助銀二十兩

欽加二品銜花翎直隸錫齡阿　助銀三十兩

周雲階　助銀三十兩　　王英祿　各助伍拾兩
席茂亭　助銀一百兩
牛竹軒　助銀三十兩　　徐德銓　各助伍拾兩
王廷屏　助銀三十兩
李得和　　任祚縣
王居士　助銀二十兩
張文瑞　　東太監石永興　例年佈施傢伙作
任太監　　　助銀四兩

王福
劉承覽　李得祿　各助銀十兩
張桐軒　韓富順　連壽仲
趙芝山　王子元　各助銀十兩
王祥安　松壽　各助銀式兩
陳澤沛　汪德沛　各助銀式兩
崔德臣　張顯臣
曹銘恆
沈于衡　助石料五火
單德恆
劉錫祥　周文起　各助銀壹兩
奕壽
邵顯田　劉澤田
李本固　戴連順
重松純　姜玉山

吉爾杭阿
王玉山　王秀山　各助銀壹兩
興泉湯　例年佈施布棚
趙厚春　助銀十五兩
金德剛　劉玉如
張景年　王蘭溪　各助銀十兩
周通和　王永和

奉天萬壽寺老監院和尚溥　心純　天鎮　助銀一百兩

奉天遼陽千山龍泉寺老方大恩　航　助洋五十元

奉天遼陽州長安寺至淨尚和常鎮　助洋七十元

覽都　各助銀式兩
張茂亭
劉華亭　助洋五十元
趙玉峯　助銀二十兩
關吉士　略洋二十元
李子厚

張世光　劉海亭　各助銀四兩
李慶溥　谷助銀四兩
姜玉山　谷助銀壹兩
馬吉亭　誠鬧軒
蔣廷相

大清宣統三年歲次辛亥六月　日

蕭典達　俞世榮　助銀三十兩
同義石廠助銀三兩

重修慈慧寺碑記（陰）
拓片縱 135、橫 64 厘米

敕建古慈慧寺中興碑序

夫真性自空真不空而有不顯宏願尚有以悟空故有成真空之妙有聖乃
居空而現有而空空成妙有之真空是故諸佛契真修成無邊之勝因故知證
果因全憑真願超凡起妙造出無量之勝因故知最古之蘭若也但創始年
代勿竞稽查故遷變更因經幾及至大明題曰慈慧今仍其舊故不別稱竊遡前朝盛業雖乏之微碑然此
而殿宇崇宏奚若今日迄及至大明題曰慈慧今仍其舊故不別稱竊遡前朝盛業雖乏之微碑然此
為加旋經庚辛之役各國聯軍入國初定鼎尚有勝迹逮可觀降至咸同除交絕無煙廚可爨蕭涼至極容莫此
自募且掃且除幾歷年藏遠窮道近閟京畿劂綱宏張長吉廣布化動壯信集成善緣自於是一鉢隻身形影自以
槇朽坍塌山積無殊林深由是悲感交廛諸道起遂立深誓墓拉宏修於是一鉢隻身形影自以
土木大興即賴宏作重建殿宇丹塑聖容廊廡圍墻樓台出家祖宏網細長吉廣布化動
自周至今二千九百三十八載其間威衰未曾一是因人能宏道宏道宏人故也今蓮通禪師秉大願普彰象徵
亦復不一是因人能宏道非道宏人故也今蓮通禪師秉大願普彰象徵
藏典諸行海澄禪煙得事理無得空有㬎何能遠此殊勝最勝洪業者豈將來行同諸佛願齊眾
造至真正依圓融三土有情善度涅槃同歸鰲其多生本懷渦其愿劫宏眾未始不從今日建此寶嚴樓年
閟塑斯藏塵堂容以為基礎耶余學嚴慧茗言訥筆拙何能讚揚偉德發袞龍天但慶此奇特之盛逢宜
慧古今之勝磽俾當來碩哲繼席於斯知前賢之苦心勉俊進之精銳故聊述末始永列員珉流芳鋪年
人瞻勝迹云而

勅建

宣統三年六月上旬　　　法源寺楚衡沙門道階梁　　　　撰

　　　　　　　　　　　　　　　　住持僧蓮通譚敬　　　　立

敕建古慈慧寺中興碑序（陽）
清宣統三年（1911年）刻
拓片縱135、橫64厘米

千烁永固

重建慈慧寺碑

京師地安門內左偏有慈慧寺焉
肇建遠當勝國之初廠衞張嘗屬
經刼火尒其近依日下高躋衞中官所援橫

南山之石刼　　　之仙都與然而景山南顧
幸湼槃刼　陽不吊五色琉璃之氣蕩作寒灰七重
報諸佛之深　縱橫白滿如來之座過而式者吁其冐矣且夫道之隆
乃得中興恩腋　人也誠至而神感園中增址趙逸識太康之磚地下鐘聲髣

六代也常真幼慕藏乘長持戒律蜀鵑啼遶夢歸來悼此式微力圖光復

重修工程及地址　計廟前東西寬九丈二尺扁後東西寬捌大伍尺南北長拾叄大

極北建佛樓三間以平臺兩闈連南東西扁兩間大殿三間月房兩間

東西扁各三間前殿三間東西配月各兩間山門前槐樹兩林左水井一眼扁內水井

一眼

住持僧常真謹識

重建慈慧寺碑（敕建古慈慧寺
中興碑序之碑陰）

清宣統三年（1911年）刻
拓片縱133、橫64厘米

極樂寺

【調查記録】

　　極樂寺，安樂堂門牌十一號。

　　山門西嚮，無門額。

　　大殿三楹，西嚮，爲釋迦佛殿。木匾額“佛光普照。歲次乙卯清和月，住持僧達通敬立”。内供泥塑金身彩繪蓮座釋迦佛一尊，連座高六尺。左右立阿難、迦葉。鐵五供一分。鐵磬一，鑄“極樂寺”三字。廊下懸小鐵鐘一，“中華民國四年伍月”。

　　殿外西南角碑一，陽額題“敕修安樂堂記”，文大半可辨，但碑名及年月俱模糊。碑陰爲題名。碑身高三尺三寸，寬二尺一寸，厚七寸。頭高一尺四寸。座高一尺四寸，寬三尺，厚一尺二寸。

　　南北配房各三間。

　　此寺係慈慧寺下院。

注　極樂寺，又名極樂庵，位于内六區安樂堂11號。始建年代不詳。據寺内明萬曆十年（1582年）石碑《敕修安樂堂記》記載，此處原有明代優恤近臣之所“安樂堂”。民國四年（1915年）重修[1]。坐東朝西，寺内建築主要有山門、釋迦佛殿及南北配房。供奉釋迦佛、阿難、迦葉。極樂寺爲慈慧寺下院。民國十八年（1929年）寺廟人口登記時有安慧1人。

［1］　北京市檔案館：《北京寺廟歷史資料》，北京：中國檔案出版社，1997年，第34頁。

極樂寺山門

極樂寺釋迦佛殿

敕修安樂堂記

明萬曆十年（1582 年）刻

拓片縱 120、橫 47 厘米

注：調查記錄記載此碑碑陰有字，但無
拓片。《北平金石目》、《北平廟宇碑
刻目錄》、《北京圖書館藏北京石刻拓
片目錄》均未記載碑陰。

廟堂曰此處 累朝優恤近臣之所壹頃頹額如此

當即題 請修之欽蒙 俞允 勑下工部會同該

監佔計修理隨口內官監委管口太監茅官張進何

永會同工部主事王完督管修理於萬曆十年六月

十七日興工凡本堂佛殿房屋門口口口基地面口

渠應增者增之應棄者棄之遂壹修口體口雄偉層

宇整肅且口盡油飾煥然壹新至本年十一月二十

日工口口惟養生送死仁政之大端也我 朝口口

口口唐口口口厚澤及于黎元者口口至於左右

近臣尤加口焉口口口由口也若承委非人則固

陋就口口傾圮不口矣茲颒舉而口口口口口口

口費省而功倍不惟于前有光永可垂之久遠也特

口

口口口口口口口口

敕修安樂堂記錄文

觀音庵

【調查記録】

觀音庵，安樂堂門牌二號。

山門南嚮，一正門，一側門，俱破壞不堪。

大殿三楹，南嚮，已破舊，内供觀音一尊，泥塑金身，坐高五尺五寸。左右站童各一。桌上供泥彩塑小坐像三尊，一財神，一關帝，一火神。左右小童像各一。批灰五供一分。鐵磬一，"崇禎元年吉日"。廊下挂小鐵鐘一，鑄字已剥蝕。東耳房一間。

院東南小住房一間。

此庵係屬子嘉家廟。

注 觀音庵位于内六區安樂堂2號。始建年代不詳。庵内有明崇禎元年（1628年）鐵磬。坐北朝南，庵内建築主要有山門、大殿。供奉觀音、財神、關帝、火神。此廟爲屬子嘉家廟。

真武廟

（内六區 39 號，總編號 384）

【調查記録】

真武廟，地安門大街門牌七號。

山門東嚮，磚門額"靈應真武廟"。門前有石旗杆座一，雕刻甚工。

殿一楹，爲西樓之一間，龕内供真武一尊，木像，龕上立額"佑聖殿"。殿中存放小泥佛八尊，大小不齊。鐵爐一，"嘉慶六年"。鐵磬一，"民國三年"。院内大椿樹一株。

廟歸陳隆海看管。

注 真武廟位于内六區地安門大街7號。始建年代不詳。清乾隆年間（1736～1795年）此處已有"真武廟"[1]。坐西朝東，廟内建築主要有山門、佑聖殿。供奉真武大帝。

真武廟山門外景

[1] 第一歷史檔案館、故宫博物院編：《清乾隆内府繪製京城全圖（第二函）》，北京：紫禁城出版社，2009年，81-4Z6。

真武廟

【調查記録】

真武廟，西樓巷門牌七號。

山門南嚮，無門額。東側門一，由此入廟。

大殿三楹，木匾額 "菩提"，印章 "康熙御筆之寶"。中間樓式木龕，内供真武一尊，木質金身，坐高六尺。左右站像二，一周公，一桃花女。鐵五供一分。鐵磬一，"光緒二十五年"。東間供瘟神一尊，泥塑，坐高七尺。西間供靈官一尊，與瘟神同高。東西墻下各站二像，高六尺。又南窗下有他處移來泥站像六尊，不知所自。東西耳房各二小間。

東西配房各三間。院内槐樹一株。鐵鐘一，"萬曆四十五年日造"。

住持僧福禪。

注 真武廟位于内六區西樓巷7號。始建于明萬曆年間（1573~1620年），民國九年（1920年）重修[1]。坐北朝南，廟内建築主要有山門、大殿、東西配房。供奉真武大帝、周公、桃花女、瘟神、靈官。民國十八年（1929年）寺廟人口登記時有全興1人。

［1］ 北京市檔案館：《北京寺廟歷史資料》，北京：中國檔案出版社，1997年，第78頁。

真武廟山門

真武廟大殿

祇園寺

【調查記録】

　　祇園寺，西樓巷門牌十二號。

　　山門南嚮，木門額“祇園寺。同治七年九月重修。住持僧秀峰募化”。山門爲南殿，内供關帝一尊，後面韋馱一尊。

　　北殿三間，内供三大士三尊。鐵磬一，“大清同治十一年八月吉造”。右藥王一尊。

　　東西配房各三間，東耳房二間，西耳房一間。鐵鼎一，“大清光緒元年九月吉日。祇園寺”，鑄文已拓。柏樹一株。

　　此寺係西直門玉佛寺下院，幼僧住持。

注　祇園寺，也稱作祇園寺，位于内六區西樓巷12號。始建于清乾隆年間（1736～1795年）[1][2]，同治七年（1868年）重修。坐北朝南，寺内建築主要有山門殿、三大士殿。供奉關帝、韋馱、三大士、藥王。祇園寺爲西直門内玉佛寺下院。民國十八年（1929年）寺廟人口登記時有修極1人。

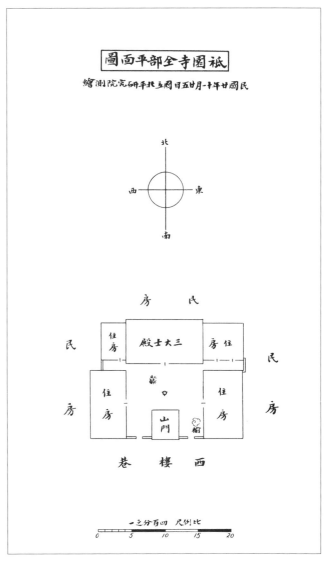

祇園寺全部平面圖

原圖比例尺：1：400

原圖單位：米

原圖尺寸：縱 19.8、橫 11.1 厘米

［1］　北京市檔案館：《北京寺廟歷史資料》，北京：中國檔案出版社，1997年，第216頁。

［2］　第一歷史檔案館、故宮博物院編：《清乾隆内府繪製京城全圖（第二函）》，北京：紫禁城出版社，2009年，81-4Z6。

祇園寺山門

祇園寺三大士殿

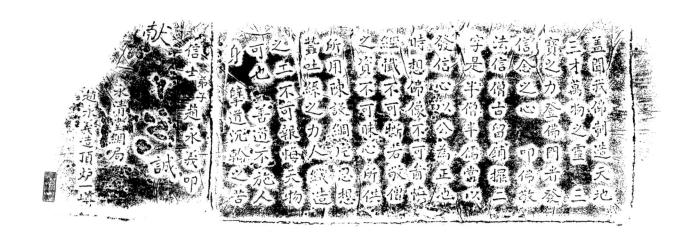

祇園寺鐵鼎銘文（一）

清光緒元年（1875 年）造

拓片縱 54、橫 92 厘米

祇園寺鐵鼎銘文（二）

拐片縱 69、橫 70 厘米

蓋聞我佛制造天地三才萬物之靈三寶之力登佛
門者發信念之心叩佛敬法信僧古留鋪擺二字是
半僧半儒當以發信心以公為正也時想佛像不可
圖悔經懺不可撕若敬僧之資不可昧心所供所用
陳設綱片思想蠶吐綠之力人織造之工不可報悔
天物可也善道不施人身驀道沉輪之苦　信士弟
子趙永義叩誠　献　永清堂綱局　趙永義造頂

炉一嶟

大清光緒元年九月吉日　祇園寺

祇園寺鐵鼎銘文錄文

大馬關帝廟

【調查記録】

　　大馬關帝廟，恭儉胡同門牌五十六號。

　　外門西嚮，内山門南嚮，左右小便門各一。

　　大殿三間，木匾額"護國佑民。光緒二十八年三月吉日重修。住持道陳教德叩"。内供關帝像一尊，高一丈二尺。周倉、關平侍立，高七尺五寸。上像均泥塑。左右大馬像二，身長九尺五寸，高六尺五寸。大鐵磬一，"大清嘉慶二十三年十二月初八日吉日"。供銅爐及蠟扦等。東西耳房各一間。

　　東西配房各三間，西房南耳房二間，東南房二間。大鐵鐘一，"大明萬曆二十五年四月"。鐵鼎一，"大清乾隆四十四年十一月吉日造"。

　　碑一，陽額題"善流億禩"，首題"重修鐵匠營内官監關帝廟功竣紀善碑記"，"大清康熙貳拾肆年歲次乙丑秋衣月吉旦立"。陰額題"碑陰"，下刻臨濟正宗法派偈。

　　後殿三間，供土地像，泥塑，高七尺。鐵磬一，"大清道光二年二月二日吉造"。灰漆五供一分。院内鐵爐一，"大清道光二年二月初二日吉造"。東耳房二間。西房二間。

　　東跨院北房二間，東房五間。

　　此廟本傳臨濟正宗。現歸道人陳教德管理，管廟人宋德祥。

注　大馬關帝廟，又名關帝廟，因廟内有泥胎大馬兩匹，因此得名大馬關帝廟，位于内六區恭儉胡同56號。始建于明萬曆二十四年（1596年）[1]。清康熙二十四年（1685年）太監楊思明重修，乾隆年間（1736～1795年）此處廟宇名爲"關帝廟"[2]，光緒二十八年（1902年）道士陳教德出資重修。外門朝西，山門及

［1］　北京市檔案館：《北京寺廟歷史資料》，北京：中國檔案出版社，1997年，第188頁。

［2］　第一歷史檔案館、故宮博物院編：《清乾隆内府繪製京城全圖（第二函）》，北京：紫禁城出版社，2009年，107-5Z6。

大殿坐北朝南。廟內建築主要有山門、關帝殿、土地殿及配殿。供奉關帝、周倉、關平、土地、泥馬。民國十八年（1929年）寺廟人口登記時有陳教德1人。

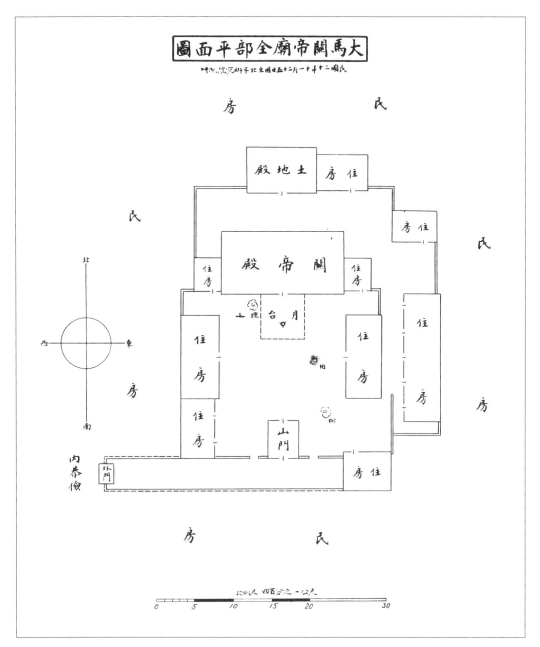

大馬關帝廟全部平面圖
原圖比例尺：1：400
原圖單位：米
原圖尺寸：縱 19.4、橫 15.9 厘米

大馬關帝廟外門

大馬關帝廟關帝殿

大馬關帝廟關帝殿前鐵鼎

大馬關帝廟土地殿

大馬關帝廟關帝像

大馬關帝廟二馬塑像之一

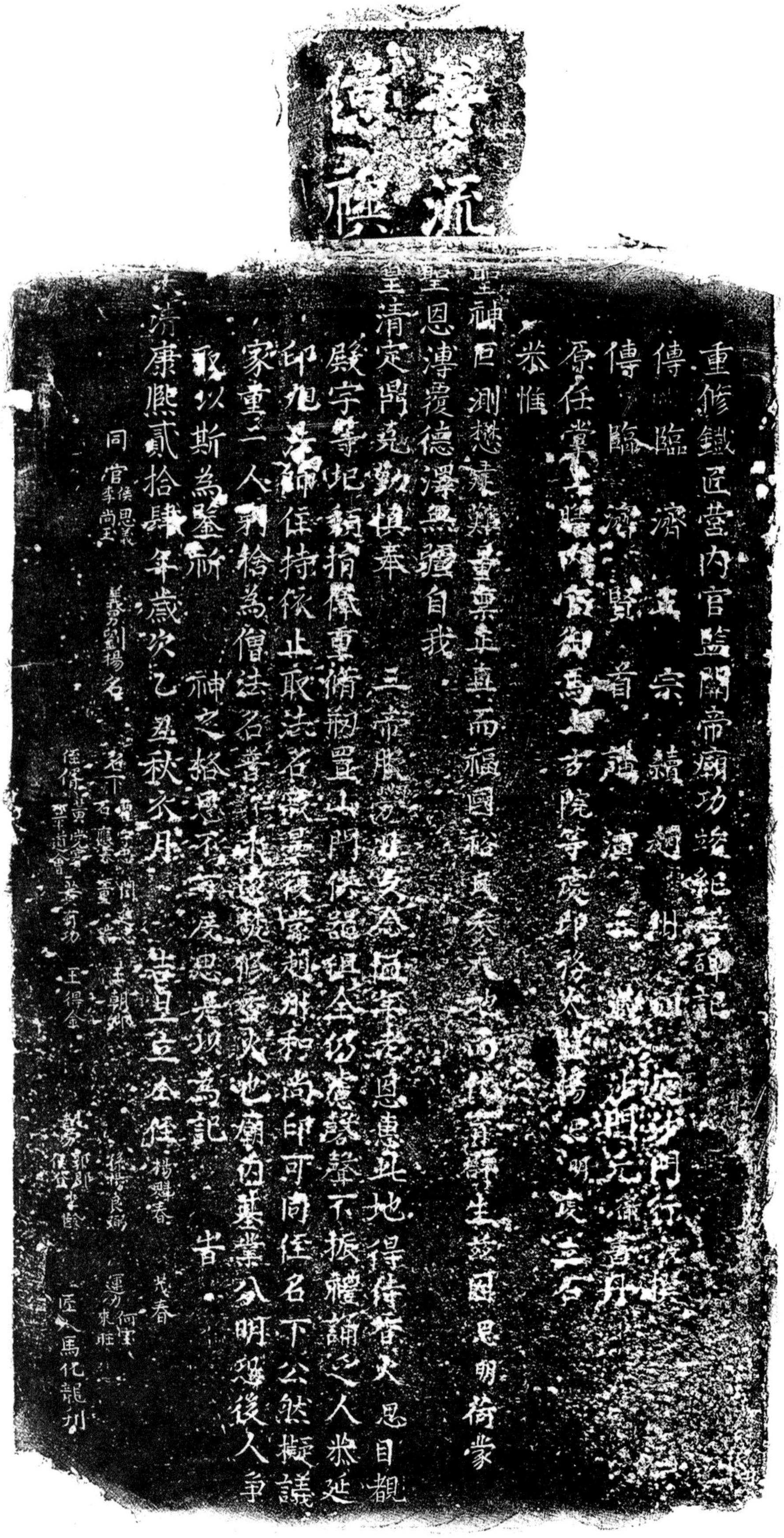

北平研究院

北平廟宇調查

資料匯編

【內六區卷】

重修鐵匠營內官監關帝廟功竣紀善碑記

重修鐵匠營內官監關帝廟功竣
紀善碑記（陽）

清康熙二十四年（1685年）刻

拓片縱105、橫55厘米

善流億禩額　重修鐵匠營內官監關帝廟功竣紀

善碑記

傳臨濟正宗續趙州□□庭沙門行渡撰　傳臨濟

賢首講演三藏沙門元徹書丹　原住掌上膳內官

御馬上方院等處印務太監楊思明虔立石　恭惟

聖神叵測懿建難量稟正直而福國裕民參大地而

化育群生茲因思明荷蒙　聖恩溥覆德澤無疆自

我　皇清定鼎克勤慎奉　三帝眷勞日久念恆年

老恩惠此地得待香火思目覩威宇等妃顏捐俸重

修朝置山門供罷俱全仍慮磬聲不振禮誦之人恭

延印旭法師住持依止取法名寂雲復蒙趙州和尚

印可同徑名下公然擬議家童二人剃捨為僧法名

普仁義永遠焚修香火也廟內基業分明恐後人爭取

以斯為鑒祈神之格思不可度思是以為記嘗

大清康熙貳拾肆年歲次乙丑秋家月　吉旦立全

住茂揚魁春　同官侯思義　義男劉揚名　名下

曹守忠　閻進忠　王朝卿　運力何寶　住僭

石應春　董瑞　孫楊良綱　來旺

黃覚賽　黃有功　王得金　執勞郭郡

黃道會　　王得金　　懷登李齡

匠人馬化龍刊

重修鐵匠營內官監關帝廟功竣紀善碑記（陽）録文

碑陰

臨濟正宗法派

智慧清淨
道德圓明
真如性海
寂照普通
心源廣續　本覺昌隆
能仁聖果　常演寬宏
惟傳法印　證悟會融
堅持戒定　永繼祖宗

續法派

重修鐵匠營內官監關帝廟功竣紀
善碑記（陰）
拓片縱 103、橫 54 厘米

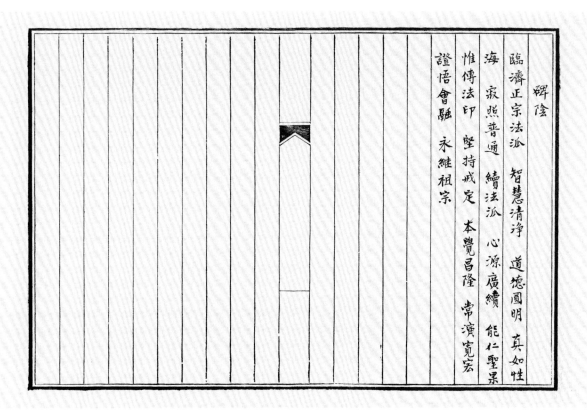

碑陰

臨濟正宗法泒　智慧清凈　道德圓明　真如性

海　寂照普通　續法泒　心源廣續　能仁聖果

惟傳法印　堅持戒定　本覺昌隆　常演寬宏

證悟會融　永繼祖宗

重修鐵匠營內官監關帝廟功竣紀善碑記（陰）錄文

素雲觀

【調查記録】

素雲觀，北海北夾道門牌三號。

山門西嚮，石門額 "重修西方素雲觀"。石聯 "呼吸靈機起大道；闡揚正教鬯元風"。後門北嚮，門牌恭儉胡同甲二十九號。

大殿三間，内供關帝、真武小像。東西耳房各二間。東西配房各三間。

此觀係 "印劉" 家廟，現歸王德山私産。

注　素雲觀位于内六區北海北夾道3號，後門爲恭儉胡同甲29號。始建年代不詳。山門西嚮，大殿坐北朝南。觀内建築主要有山門、關帝殿及配房。供奉關帝、真武大帝。素雲觀原爲清末太監劉多生家廟，調查時已歸王德山所有。劉多生（1839～1895年），原名劉立邠，法名劉誠印，又名劉明印，道號素雲道人，又號符合子，曾爲紫禁城三大殿掌管玉璽的首領太監，人稱 "印劉"。

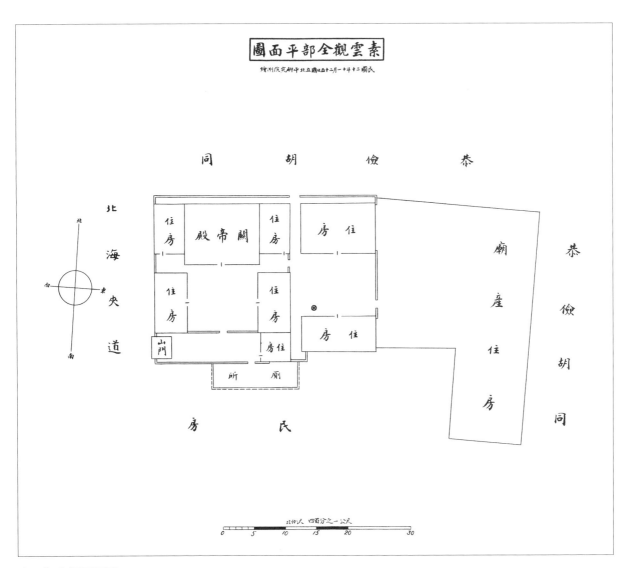

素雲觀全部平面圖

原圖比例尺：1：400

原圖單位：米

原圖尺寸：縱 20.2、橫 23 厘米

素雲觀山門

素雲觀關帝殿

三官廟

【調查記録】

　　三官廟，恭儉胡同門牌三十七號。

　　山門南嚮。大殿三間，供天官、地官、水官像三尊，泥塑，高五尺。東西配房各三間，東西耳房各一間。

　　現爲永興賃貨鋪堆房。

　　此廟係火神廟下院。

注　三官廟位于內六區恭儉胡同37號。始建于明代（1368～1644年），清光緒年間（1875～1908年）重修[1]。坐北朝南，廟內建築主要有山門、大殿及東西配殿。供奉天官、地官、水官。三官廟爲火神廟下院。

三官廟山門

［1］　北京市檔案館：《北京寺廟歷史資料》，北京：中國檔案出版社，1997年，第618頁。

三官廟大殿

福佑寺

【調查記録】

福佑寺，北長街門牌四十五號。

外墻有門西嚮，現爲班禪駐北平辦公處。山門外西牌樓一座，西面匾額爲"澤流九有"，東面匾額爲"慈育群生"。東牌樓一座，西面匾額爲"聖德永垂"，東面匾額爲"佛光普照"。

山門殿三間，南嚮，石门額"福佑寺"，無佛。前大石獅子一對。

第二殿三間，爲天王殿。殿前左鐘樓一，右鼓樓一，旗杆二。殿内供天王四尊。

正殿五間，木額"慧燈朗照。雍正御筆"。釋迦佛一尊，木像金身，高五尺。院内鐵香爐一，"大清光緒己未年十月二十五日吉立"。東配殿三間，釋迦佛九尊，木像金身，連座高五尺。西配殿三間，菩薩八尊，木像金身，連座高五尺。西配殿廊下銅鐘一，"大清雍正元年製"。

第四殿五間，東西耳房各三間，東西配殿各三間，均無佛像。

第五殿三間，東西耳房各三間，東西群房各八間。

注 福佑寺位于内六區北長街45號。始建于清順治年間（1644～1661年），爲清聖祖玄燁少時避痘之所。清雍正元年（1723年）改建，後更名爲福佑寺。民國十六年（1927年）改爲班禪駐北平辦公處，寺内喇嘛歸入雍和宮[1][2]。寺坐北朝南，有外垣門西嚮。山門前有照壁、東西二座牌樓、一對石獅。寺内建築主要有山門、鐘樓、鼓樓、天王殿、大雄殿、釋迦殿（東配殿）、菩薩殿（西配殿）、後殿及配殿等。供奉四大天王、釋迦佛、菩薩。民國十八年（1929年）寺廟人口登記時有羅桑堅贊等18人。

［1］ 吳廷燮等：《北京市志稿（八）》，北京：北京燕山出版社，1997年，第232頁。

［2］ 國家文物局主編：《中國文物地圖集·北京分册（下）》，北京：科學出版社，2008年，第79頁。

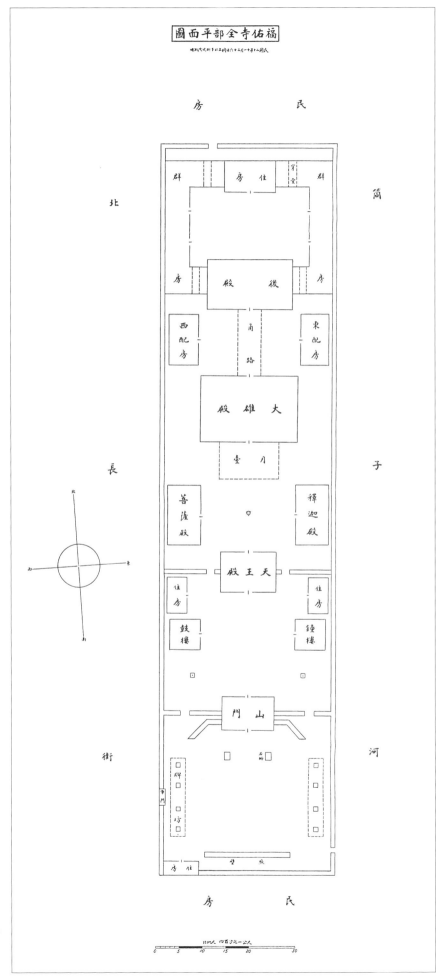

福佑寺全部平面圖

原圖比例尺：1：400

原圖單位：米

原圖尺寸：縱 49.6、橫 21.6 厘米

福佑寺山門

福佑寺山門外西牌樓及外墻門

福佑寺山門外東牌樓

福佑寺鼓樓

福佑寺天王殿

福佑寺大雄殿

福佑寺大雄殿

福佑寺菩薩殿

福佑寺後殿

福佑寺後殿西配殿

福佑寺後排住房

福佑寺佛像

昭顯廟

【調查記錄】

　　昭顯廟，北長街門牌二十六號。

　　門東嚮，現爲北平市教育會，有門額"北平市教育會"，門旁有木牌"北平市教育會"、"北平市教育會附設平民小學校"、"北平市市立小學教員會"。

　　山門殿三間，南嚮，木門額"敕建昭顯廟"，左右各有便門，前有大照壁。

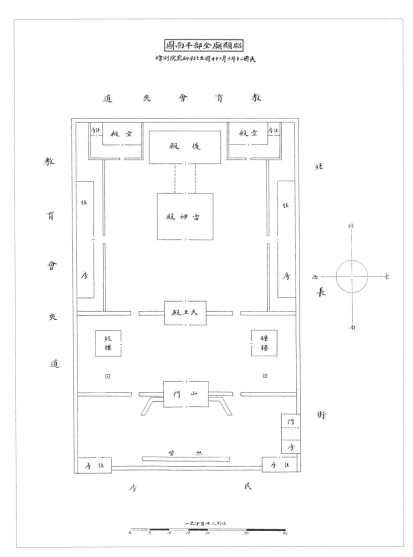

昭顯廟全部平面圖

原圖比例尺：1：400

原圖單位：米

原圖尺寸：縱 23.7、橫 24.1 厘米

昭顯廟外門

第二殿三間，左爲鐘樓，右爲鼓樓，旗杆二。

第三殿三間，木額“導和宣豫”，印章“雍正御筆”。金花漆龕一座，內供雷神一尊，泥塑，坐高六尺。對面門楣上懸紙匾“先春垂震”，爲嘉慶御筆。雷神像前有金字牌位“資生發育雷師之神”。東配房九間，現爲民衆學校。西配房七間。

第四殿五間。東小院北房三間，西小院北房三間。

注 昭顯廟位于內六區北長街26號。始建于清雍正十年（1732年），爲祭祀雷神之所，俗稱雷神廟[1]。有外垣門東嚮，廟坐北朝南，山門外有照壁，廟內建築主要有山門、鐘樓、鼓樓、天王殿、雷神殿、後殿、配殿。供奉雷神。

[1] 國家文物局主編：《中國文物地圖集·北京分冊（下）》，北京：科學出版社，2008年，第78頁。

昭顯廟山門

昭顯廟天王殿

昭顯廟雷神殿

昭顯廟後殿

昭顯廟雷神像

萬壽興隆寺

【調查記録】

萬壽興隆寺，北長街門牌十六號。

山門東嚮，門額"萬壽興隆寺。乾隆御筆"。後門南嚮，在後宅胡同門牌五號。

山門殿三間，天王四尊，木像，高四尺。

第二殿三間，木匾額"義高千古"，"莊親王書"，內供關帝木像，高二尺五寸。錫五供一分。鐵磬一。

第三殿三間，木立額"慈航普度"，內供菩薩銅像，高二尺左右。南北釋迦佛小木像四尊。又左右釋迦佛小銅像二尊。北殿供千手佛一尊，木像金身，連座高六尺。上立木匾"摩利支天"，"康熙御筆"。南殿三間，供地藏王菩薩，木像金身。右文昌，木像金身。上像均小像。鐵鼎一，"宣統三年"。

北大殿五間，木匾額"興隆寺"，"乾隆御筆"。內供三世佛像，左右爲文殊、普賢菩薩木像，連座高六尺。左右十八羅漢木像，高三尺。各像均係金身。磁五供一分，上有"養老義會"四字。鐵磬一，"光緒二十八年吉日"。左關帝像一尊，右韋馱像一尊。

左真武殿，供真武一尊，木像金身，香胎，高六尺。配像八，木像金身，香胎，立高五尺。右火神殿，供火神一尊，木像金身，香胎，高五尺。灰漆五供一分。馬一，泥塑。

東西配房各三間。鐵鐘一，"光緒二十八年造"。

殿左碑一，陽額題"萬古流芳"，"大清嘉慶元年丙辰菊月，重刊碑記。劉進玉修理"。"賜進士第御書處辦事原日講官起居注翰林院侍講左右春坊左右中允翰林院編修江南雲南正主考政治典訓一統志明史纂修官候補五部主政知長葛建昌二縣事加三級米漢雯撰并書。康熙三十二年歲在癸酉暮春穀旦立"。陰額題"咸登覺岸"，下爲題名。碑身高四尺八寸，寬二尺六寸，厚七寸。頭高二尺七寸。座高二尺五寸，寬二尺六寸，長六尺。

殿右碑一，額題“永垂久遠”，“宣統元年十二月二十二日立”，後列人名及捐助銀兩。碑身高五尺五寸，寬二尺五寸，厚七寸。頭高二尺五寸。座高二尺五寸，寬三尺五寸，厚一尺六寸。

殿南右碑，陽額題“萬古流芳”，首題“萬壽興隆寺養老義會碑記”，“大清乾隆歲次辛巳年林鍾吉旦立”。陰額題“咸登覺岸”，下爲題名。碑身高四尺一寸，寬二尺四寸，厚五寸。頭高二尺。座高一尺八寸，寬二尺六寸，厚七寸五分。

又碑一，爲題名碑。陽額題“獻花老會”，下爲題名，“乾隆三十二年三月十五日吉旦立”。陰額題“萬善同歸”，下爲題名，“乾隆三十八年歲在癸巳春三月吉日”。碑身高四尺六寸，寬二尺四寸，厚七寸。頭高二尺四寸。座高二尺二寸，寬二尺八寸，厚一尺五寸。

北大殿東跨院，北殿三間，供娘娘五尊，木像金身，高五尺。左右千佛亭，佛甚多。東又北殿三間，釋迦佛一尊，木像金身，高三尺，內有木匾額“抱荃蕙”，“康熙御筆”。

北大殿南有殿五間，供韋馱一尊，泥塑，高四尺。

右碑一，陽額題“萬古流芳”，“萬壽興隆寺爲民養老總管首領太監有交萬年香資錢人名開後”，“大清道光十九年九月朔日吉立”。陰額題“共登覺岸”，下爲題名。碑兩側，爲題名，年款“同治十二年”。碑身高五尺，寬二尺六寸，厚七寸。頭高二尺四寸。座高二尺二寸，寬二尺九寸，厚一尺五寸。

又碑一，陽額題“萬古流芳”，首題“養老義會緣起”，“大清光緒二十一年三月初三日劉德志、段文元敬立”。陰額題“永垂不朽”，下列光緒十六年、十七年、十九年、二十一年捐資人及銀兩。碑身高五尺五寸，寬二尺五寸，厚七寸。頭高二尺四寸。座高二尺三寸，寬三尺一寸，厚一尺五寸。

左碑一，陽額題“萬善同歸”，“大清光緒二十九年歲次癸卯仲春，本廟住持劉守智敬立”，記述重修萬壽興隆寺之事及捐資人題名。碑身高五尺，寬二尺五寸，厚七寸。頭高二尺五寸。座高二尺二寸，寬三尺，厚一尺五寸。

又碑一，額題“永垂久遠”，“光緒二十一年四月吉立”，爲捐資人題名。碑身高五尺，寬二尺五寸，厚八寸。頭高二尺五寸。座高二尺五寸，寬三尺五寸，厚一尺五寸。

又碑一，陽額題"萬善同歸"，"嘉慶十六年十月十八日，總管劉福慶、總管張祥、首領牛進忠置得萬壽興隆寺廟宇一座"，"嘉慶十八年奉旨瀛臺海神供奉興隆寺"，下有補刻同治十二年、光緒十三年置地、捐銀題名。碑側爲同治十二年、同治十三年、光緒元年、光緒十六年、光緒十七年捐資題名。碑身高五尺，寬二尺五寸，厚七寸。頭高二尺六寸。座高二尺三寸，寬三尺，厚一尺五寸。

東西配房各三間。西跨院北房二間，南房二間。東跨院北房三間。

戲樓院北房三間，東西耳房各一間，匾額二：一爲"忠正廉明"，一爲"一生正直"。南有戲樓一，東西配房各五間。東跨院北房三間，西跨院北房三間。

後門內東院，有北殿三間，爲海神殿，太監俗稱祖師殿。殿內畫像三幅，站童四。木牌位三：中題"宣靈弘濟之神"，左題"水府神祇"，右題"司舟之神"，并題滿文。三神云係劉、唐、高姓，不知其名。東西壁上有畫二幅，係成神之故事，紙畫懸于上者。

殿前木額"波澄協瑞。嘉慶乙亥孟夏月既望。英和敬題"。金字木聯"捧救至尊登海岸；揖封正位列神壇"，款署"石庵"。又木聯"寰海慶安恬德孚有截；宸居嚴拱衛福佑無垠。英和敬題"。聯與匾同係楠木。

殿前小條碑二，東碑額題"永垂久遠"，爲管理該廟事宜，"同治五年下旬立石"。碑高五尺一寸，寬一尺三寸，厚四寸，無座。

西碑額題"接踵惟賢"，記載同治二年、五年、七年衆人施給之物。碑高四尺七寸，寬一尺三寸，厚三寸八分。

院中鐵鼎一，"大清道光二年"。缸一。東西配房各二間。

又前院東西房各二間。南有平房數間。

太監陳澤川管理。

注 萬壽興隆寺，又名興隆寺，位于內六區北長街16號，後門爲後宅胡同5號。原明代兵仗局舊址，後改建爲佛堂。清康熙二十年（1681年）和二十八年（1689年）重修，康熙三十九年（1700年）敕改爲萬壽興隆寺[1][2]。清乾隆二十六年

［1］ 許道齡：《北平廟宇通檢》，北平：國立北平研究院，1936年，第94頁。
［2］ 國家文物局主編：《中國文物地圖集·北京分冊（下）》，北京：科學出版社，2008年，第76頁。

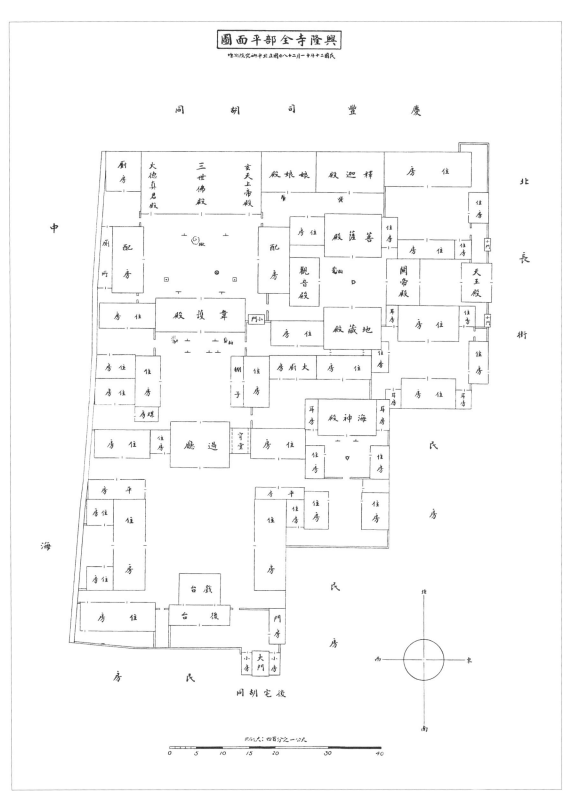

萬壽興隆寺全部平面圖

原圖比例尺：1：400

原圖單位：米

原圖尺寸：縱 35、橫 25.3 厘米

注：圖中"興隆寺"即"萬壽興隆寺"

（1761年）在寺中建養老義會，爲老年太監養老之所。清嘉慶十八年（1813年）奉旨將瀛臺之海神供奉于興隆寺。此寺先後于嘉慶、道光、光緒、宣統年間多次重修。東院建築坐西朝東，從東向西建築主要有天王殿（山門殿）、關帝殿、觀音殿、菩薩殿、地藏殿。供奉四大天王、關帝、千手佛、地藏王、釋迦佛、文昌帝君。西院建築坐北朝南，從南向北建築主要有後門、戲臺、過廳、韋護殿、三世佛殿、娘娘殿、釋迦殿等，供奉三世佛、文殊、普賢、十八羅漢、關帝、韋馱、真武大帝、火神、娘娘、釋迦佛。西院東側跨院有海神殿，曾爲老年太監出宮養老的住所，供奉海神畫像及木牌。民國十八年（1929年）寺廟人口登記時有王修臣1人。

萬壽興隆寺天王殿（山門殿）

萬壽興隆寺後門

萬壽興隆寺關帝殿

萬壽興隆寺觀音殿

萬壽興隆寺菩薩殿

萬壽興隆寺三世佛殿前石碑

萬壽興隆寺韋護殿前石碑

萬壽興隆寺娘娘殿及釋迦殿

萬壽興隆寺過廳

萬壽興隆寺戲臺

萬壽興隆寺海神殿

萬壽興隆寺千佛亭

萬壽興隆寺千手佛像

萬壽興隆寺三世佛像

萬壽興隆寺重刊碑記（陽）
清康熙三十二年（1693年）刻，
嘉慶元年（1796年）重刊
拓片縱167、橫85厘米

萬壽興隆寺重刊碑記（陰）
拓片縱 167、橫 84 厘米

萬古流芳

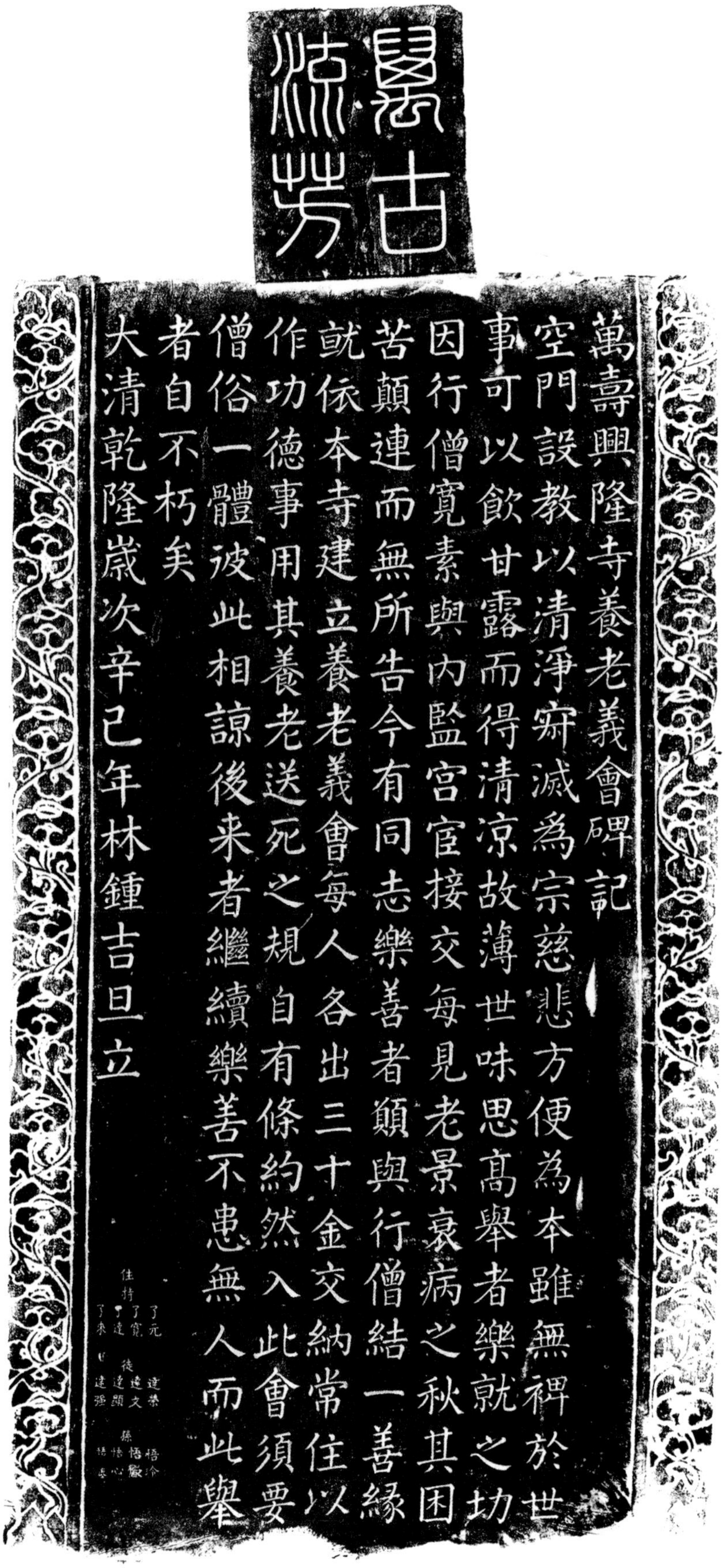

萬壽興隆寺養老義會碑記

空門設教以清淨寂滅為宗慈悲方便為本雖無裨於世事可以飲甘露而得清涼故薄世味思高舉者樂就之功因行僧寬素與內監宮官接交每見老景衰病之秋其困苦顛連而無所告今有同志樂善者願與行僧結一善緣就依本寺建立養老義會每人各出三十金交納常住以作功德事用其養老送死之規自有條約然入此會須要僧俗一體彼此相諒後來者繼續樂善不患無人而此舉者自不朽矣

大清乾隆歲次辛巳年林鍾吉旦立

住持 了元 了寬 了達 了來

徒 達榮 達文 達顯 達強

孫 悟玲 悟巖 悟心 悟泰

萬壽興隆寺養老義會碑記（陽）

清乾隆二十六年（1761年）刻

拓片縱147、横73厘米

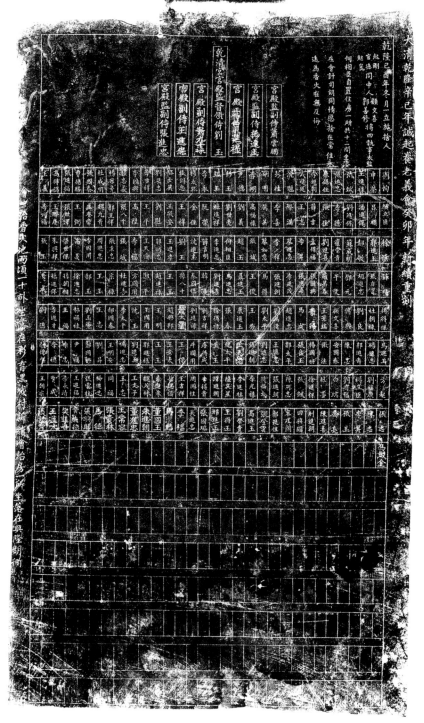

萬壽興隆寺養老義會碑記（陰）

拓片縱 148、橫 72 厘米

萬壽興隆寺獻花會題名碑（陽）

清乾隆三十二年（1767 年）刻

拓片縱 157、橫 78 厘米

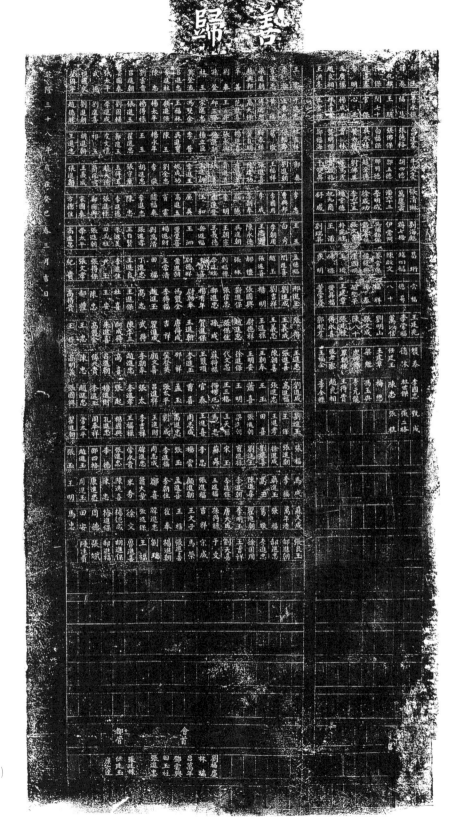

萬壽興隆寺獻花會題名碑（陰）
清乾隆三十八年（1773年）刻
拓片縱154、橫77厘米

萬善
同歸

審瀛臺海神供奉興隆寺

嘉慶十六年十月十八日　同治十二年置京南利尚屯地一頃八十八畝共用銀四百三拾兩

總管劉福慶　總管張祥　首領牛進忠置得

萬壽興隆寺廟宇一座內原有養老太監等住宿養老每人各交錢伍拾伍吊文因廟內原　圓明園司房首領

有香火地俱係僧人真慶當愚等俱行贖回仍不足用總管劉福慶陸續置買房間地　梁長祿供獻香資錢貳百吊

亩以為永遠香火及養老太監等食用不缺又因

嘉慶十八年奉　同治十二年七月初二日　信士弟子　信士弟子　王春慶供獻香資錢壹百吊

缺香火供獻今所置房間地亩取租以為永遠之計將房間地亩開列於後　崇善　共獻香燈銀三拾兩

京西張化村有地二段伍拾伍亩　信士弟子　趙萬春施助香資銀壹百兩

乾隆萱萱殿蓋正待　孟忠吉敬獻　同治十二年六月十九日　孟忠吉　施助香資銀壹百兩

關聖帝君　神龕冠袍帶靴供器一堂對聯一副　拾月三拾日施助香燈銀貳百兩　奏事處　光緒十三年十月供獻

海神爺　神前藏金景花壹對　修蓋房屋共助香資銀貳百兩　信士弟子　吳德祥　供獻

同治癸酉年桃月　日　拾月初四日又施助香燈銀貳百兩　香燈銀拾兩一錢肆百吊

萬壽興隆寺供獻香火題名碑（陽）
清嘉慶十六年（1811年）、十八年
（1813年），同治十二年（1873年），
光緒十三年（1887年）題名
拓片縱156、橫72厘米

萬壽興隆寺供獻香火題名碑（側）

清同治十二年（1873年）、十三年（1874年）題名

拓片縱138、橫25厘米

萬壽興隆寺供獻香火題名碑（側）

清同治十二年（1873年），光緒元年（1875年）、

十六年（1890年）、十七年（1891年）題名

拓片縱139、橫27厘米

北平研究院

萬壽興隆寺爲民養老總管首領太監有交萬年香資錢人名開後

乾清宮總管張明德施廟中住房二所瓦房六間半坐落北邊與隆衛東獻殿漸成施廟中香資錢捌伯吊

北海首領劉貴年施廟中住房三間此房張祥給茶房爲民張喜角去乾清宮首領侍呂泰施廟中香資錢貳伯吊

乾清宮總管王祿修補韋馱殿娘娘殿大悲壇尚書房徐忠施廟中香資錢貳伯吊

乾清宮總管張祥薰修正殿東西配殿海神殿前院東西配房戲樓內殿總管張喜施廟中香資錢伍伯吊修補破檻房三間番盛平台二門

壽康宮總管莅呈祥施廟中香資錢壹伯吊又續施廟中香資錢壹伯吊

延禧宮首領干進忠施廟中香資錢壹伯吊

昭仁殿首領李得春施廟中香資錢壹伯吊長春宮首領鄧王安施廟中香資錢壹伯吊

造辦處張得興施廟中香資錢壹伯吊壽康宮首領岳進忠施廟中香資錢貳伯吊懸勤殿首領王永貴施廟中香資錢貳伯吊

惇親王下張福施廟中香資錢壹伯吊

壽康宮總管田代餘施廟中香資錢壹伯吊

大清道光十九年九月朔日　吉立

以上有交香火錢人每歲春秋二季各燒紙錢壹千文

本廟中派人列墳上燒紙萬份

萬壽興隆寺萬年香火錢人名碑（陽）
清道光十九年（1839年）刻
拓片縱 156、橫 73 厘米

萬壽興隆寺萬年香火錢人名碑（陰）

拓片縱 135、橫 73 厘米

萬壽興隆寺萬年香火錢人名碑（側）

清同治十二年（1873年）刻

拓片縱 138、橫 27 厘米

萬壽興隆寺萬年香火錢人名碑（側）

清同治十二年（1873年）刻

拓片縱 139、橫 27 厘米

萬壽興隆寺辦馬王會碑

清同治二年（1863 年）、五年（1866 年）、七年（1868 年）
題名

拓片縱 140、橫 44 厘米

注：《北京圖書館藏北京石刻拓片目録》記載此碑屬《萬
壽興隆寺邀請善會碑》之陰，似有誤。

萬壽興隆寺邀請善會碑

清同治五年（1866年）刻

拓片縱156、橫75厘米

萬古流芳

養老義會緣起

當聞敬老懷幼惻孤恤寡古聖早有成訓後人欲師其意溯自我

朝歷代供差內廷太監富有餘裕者固有其人但退職閒居衣食莫獲

者為數更多其狀至為可憫仝人等倣焉心懼故不揣冒昧賡續整頓

募化仝人少數金錢集腋成裘俾資養贍凡入會仝人休戚相關量力

伙助樂觀厥成誠感舉也深願後吾生者念創始圖維之不易以此勛

石毋廢成勞使失業者幸得溫飽致免流離是則為馨香祝禱者也

大清光緒二十一年三月初三日

敬立

萬壽興隆寺養老義會緣起碑（陽）

清光緒二十一年（1895年）刻

拓片縱154、橫73厘米

永垂不朽

光緒十六年九月十八日
乾清宮奏事總管 信士弟子劉德志
佈施香燈銀貳百兩
老爺殿
觀音殿 油飾 收什東配殿共用銀貳百兩
光緒十七年起每年施助香銀叄拾兩
光緒十九年六月十五日施助興隆寺瓦房壹所
正瓦房叁間東西灰棚四間大門壹間共用銀
叄百陸拾兩
光緒二十一年翻蓋正瓦房叁間用銀壹百兩

萬壽興隆寺養老義會緣起碑（陰）
清光緒十六年（1890年）、十七年
（1891年）、十九年（1983年）、
二十一年（1895年）題名
拓片縱156、橫74厘米

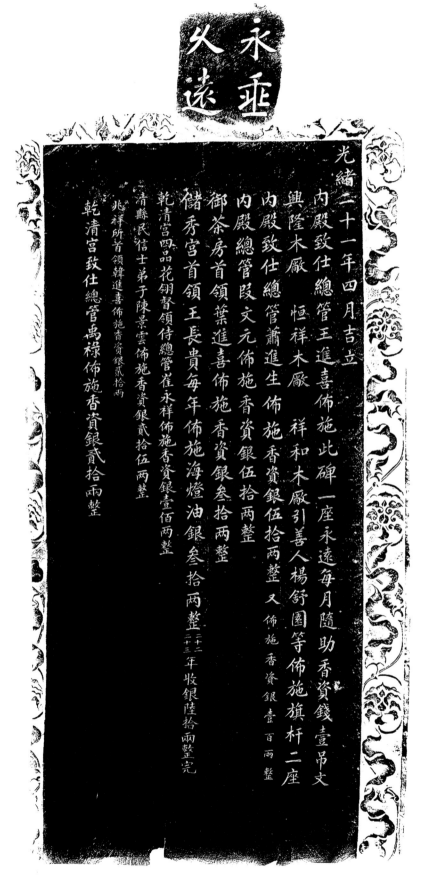

永垂
久遠

光緒二十一年四月吉立
内殿致仕總管王進喜佈施此碑一座永遠每月隨助香資錢壹吊文
興隆木廠恒祥和木廠引善人楊舒園等佈施旗杆二座
内殿致仕總管蕭進生佈施香資銀伍拾兩整又佈施香資銀壹百兩整
内殿總管段文元佈施香資銀伍拾兩整
御茶房首領葉進喜佈施香資銀叁拾兩整
儲秀宮首領王長貴每年佈施海燈油銀叁拾兩整
乾清宮四品花翎督領侍總管崔永祥佈施香資銀壹佰兩整
清縣民信士弟子陳景雲佈施香資銀貳拾伍兩整
兆祥所首領韓進喜佈施香資銀貳拾兩
乾清宮致仕總管萬祿佈施香資銀貳拾兩整

萬壽興隆寺布施香資題名碑
清光緒二十一年（1895年）刻
拓片縱156、橫76厘米

萬壽興隆寺助善芳名碑
清光緒二十九年（1903 年）刻
拓片縱 159、橫 73 厘米

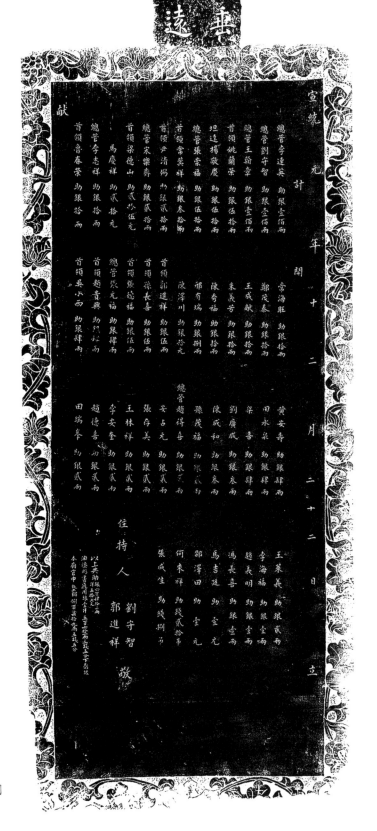

永垂久遠

宣統元年　計開　十二月二十二日立

總管李連英　助銀壹佰兩
總管劉守智　助銀壹佰兩
題管王翰章　助銀伍拾兩
首領姚蘭榮　助銀伍拾兩
扫迤楊敬慶　助銀伍拾兩
總管張索福　助銀貳拾兩
首領常莫祥　助銀叁拾兩
首領尹清弼　助銀貳拾兩
總管宋樂壽　助銀貳拾兩
總管常海旺　助銀拾兩
總管梁德山　助銀貳拾元
馬慶祥　助銀拾元
首領李志祥　助銀拾兩
首領魯春榮　助銀拾兩

獻

朱長芳　助銀拾兩
陳壽福　助銀拾兩
改澤川　助銀捌兩
邢有瑞　助銀拾元
鄭茂泰　助銀拾兩
王成獻　助銀拾兩
劉廣成　助銀叁兩
梁喜　助銀肆兩
陳成和　助銀叁兩
首領孫長喜　助銀伍兩
首領郭進祥　助銀伍兩
首領張遠福　助銀伍兩
總管張遠福　助銀伍兩
總管晟元福　助銀肆兩
首領趙貴興　助銀肆兩
首領吳小西　助銀肆兩
田瑞參　助銀貳兩

黃安壽　助銀肆兩
田永永　助銀肆兩
李海福　助銀壹兩
趙義明　助銀貳兩
馮長喜　助銀壹兩
馬吉廷　助銀壹元
孫茂福　助銀壹元
張成生　助銀貳拾捌元
邵澤田　助銀壹元
何來祥　助銀貳拾兩

總管趙得壽
女占元　助銀捌兩
張存美　助銀貳兩
王林祥　助銀貳兩
王泰義　助銀貳兩
李安奎　助銀貳兩
趙德壽　助銀貳兩

住持人　劉守智
郭進祥　敬立

萬壽興隆寺助銀題名碑
清宣統元年（1909年）刻
拓片縱 177、橫 72 厘米

静默寺

【調查記録】

静默寺，北長街甲三十號。

山門東嚮，石門額"敕建静默寺"。前石獅二。東西有便門二。

前殿三間，爲馬殿，内供赤、白馬像各一匹，童像二，高五尺，泥塑。

第二層殿三楹，爲關帝殿，内供關帝一尊，木像金身，坐高六尺。又關帝小木像一，高二尺。周倉、關平立像，木像，高尺餘，在紗龕内。木五供一分，周倉、關平等四像，分立，木質金身，高六尺。後面韋馱一尊，立高四尺，木質金身，上雲下座，工細。木漆五供一分。木聯"配義與道塞乎天地之間；既聖且仁志在春秋以上"，印章"莊親王寶"。南北房各六間。院内旗杆座二，石高六尺。

殿左碑一，龍頭，箱座。額篆"敕建静默寺碑記"，首題"敕賜静默寺碑記"，"康熙五十九年歲次庚子春正月吉旦，皇十六子允禄奉□□□□"。碑身高六尺三寸，寬三尺，厚一尺五寸。頭高三尺一寸。座高二尺六寸，寬三尺二寸，厚二尺一寸。

殿右碑一，雲頭，箱座。陽額題"重修關帝廟碑"，首題"重修關帝廟碑記"，"崇禎元年歲次戊辰端月吉旦立。武英殿中書房辦事儒士錢唐陳周侯書丹并篆額"。陰額題"碑陰題名"，下爲太監等人名。碑身高三尺二寸，寬二尺，厚六寸。頭高一尺八寸。座高一尺七寸，寬二尺九寸，厚一尺二寸。

東西夾道各有房三間。

第三層西殿三楹，木匾額"静默寺"，印章"康熙御筆之寶"。木聯"貴賤生成鑒觀有術；榮枯已定洞察若神"。内供釋迦佛一尊，木質金身，坐高八尺，連座光高一丈六尺，甚莊嚴。童像二，木質金身，高六尺。木五供一分。鐵磬一，"咸豐元年五月十三日立"。木魚一。磁爐一。鼓一。銅鐘一，"大明萬曆四十年歲次壬子九月吉日造"。上有橫額"般若相"，印章"康熙御筆之寶"。左紙額"慈育萬有"，右紙額"青蓮喻法"。

北配殿三間，爲伽藍殿，内供魏忠賢像一，木質金身，坐高五尺。南配殿三間，小銅鐘一。

第四層西殿三間，木匾額"璇樞轉福"，印章"康熙御筆之寶"。木聯"竪亞目而普觀三世；運神臂而廣被十方"。内供大悲菩薩一尊，木質金身，立高六尺。西邊達摩一尊，木像，坐高四尺。上有紙額書"花雨繽紛"。木聯"咫尺天時時當畏；方丈地代代可耕。石憨"。前面方磚脚印二，聞爲昔時一小僧立而念經，久則成坑。

南北配殿各三間，殘破，無佛。又南北夾道各有房五間。

西南隅石一方，長三尺，寬一尺，"敕建静默寺碑記"，"賜進士第經筵講官光禄大夫文淵閣大學士兼禮部尚書加三級婁水王掞撰文。賜進士出身奉直大夫翰林院編修加一級户科掌印給事中改授吏部驗封清吏司員外郎王澍書"，"大清康熙五十八年歲次己亥孟夏佛誕日勒石"。後有跋，"乾隆己未七夕，張照"。又有石上書"沛天上人傳"，"時乾隆三年歲在戊午秋八月，桐城方苞撰，昆明湛富書"。

西房二間，南房二間，

西北隅有西房二間，又西房一間。

後有北殿三間，木額"浩然正氣。道光十七年"。内供關帝一尊，高五尺。周倉、關平立像，高四尺。各像均泥塑。

北跨院北房六間。

住持僧樂然。

注 静默寺位于内六區北長街甲30號。始建年代不詳，原名關帝廟，明崇禎元年（1628年）由太監重修。清康熙五十二年（1713年）重建，賜名静默寺。坐西朝東，寺内建築主要有山門殿（馬殿）、關帝殿、大雄殿、菩薩殿及配殿等。供奉關帝、周倉、關平、赤馬、白馬、韋馱、釋迦佛、大悲菩薩、達摩、魏忠賢像等。民國十八年（1929年）寺廟人口登記時有樂然等3人。

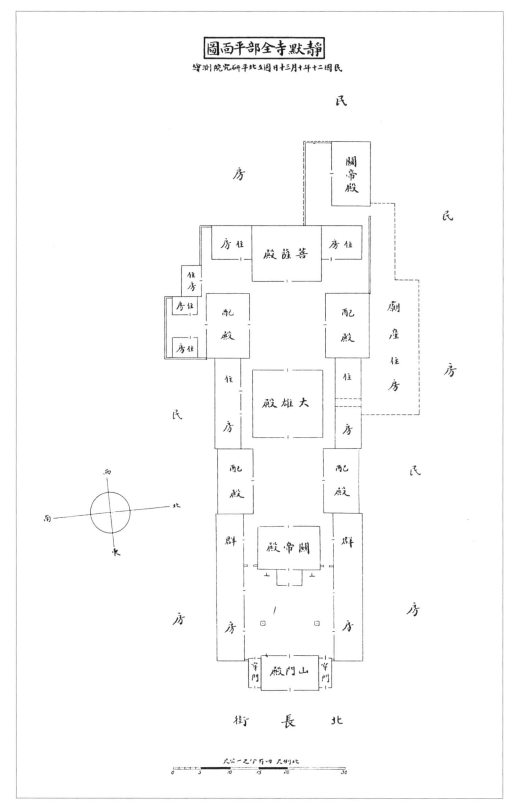

静默寺全部平面圖

原圖比例尺：1：400

原圖單位：米

原圖尺寸：縱 32.4、橫 20 厘米

静默寺山門

静默寺關帝殿

静默寺大雄殿

静默寺菩薩殿

静默寺釋迦佛像

重修關帝廟碑記（陽）
明崇禎元年（1628年）刻
拓片縱122、橫68厘米

重修關帝廟碑記　重修關帝廟碑額

欽差總督東廠官旗辦事提督禮儀房寶和等店重

掌內官監供用庫中帽局印務司禮監東筆太監王

撰文　余玹祀典凡神有大功德及於民則為尸祝

而裸獻之禮也漢前將軍壯繆侯　明封三界伏魔

大帝者繇侯而王以王而帝祠字徧天下蓋其正氣

焵焵昭揭兩曜而震曡萬靈顯護我　國家淉苑家

黎庶使華夷之人凡有血氣者莫不畈辰瞻仰若子

之於父母呼吸無不響應若人之於天地怙冒無不

霞幬适令薄海內外浹髓洽心塵祝惟恐弗度洵有

自來矣西華門內北上門舊監北隅原有帝君祠字

年火剝落廟貌非故　乾清宮煖殿太監李良輔就

居其傍日奉香火不忍見其衰也捐貲首倡一時

眾善樂輸整飾丹堊錐仍舊而非劇作輪奐則事然

改觀矣委亦　帝君之精靈巧以深孚眾心耳余新

承寵命凤藉　帝庥晤兹盛舉特贅數語以為將

來者勸併紀歲月云

崇禎元年歲次戊辰端月吉旦立

武英殿中書房辦事儒士錢唐陳用侯書并篆額

重修關帝廟碑記（陽）録文

北平研究院
北平廟宇調查資料匯編【内六區卷】

重修關帝廟碑記（陰）

拓片縱 123、橫 66 厘米

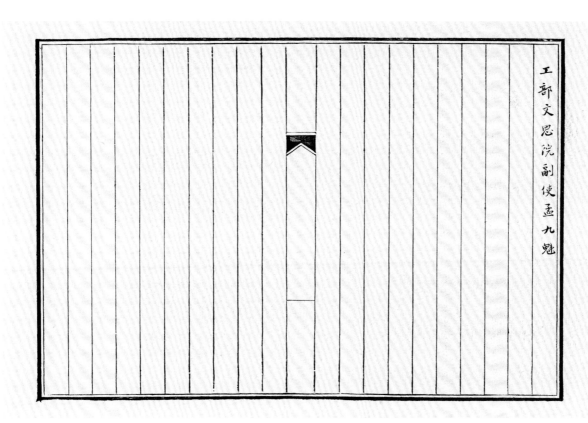

重修關帝廟碑記（陰）錄文（1）

碑陰題名顯碑陰

捐貲姓氏　乾清宮近侍御馬監太監李良輔　乾
清宮尚衣牌子李朋　乾清宮牌子御馬監太黃何
致清　司禮監秉筆薛章酒醋局印裕太監郝隱儒
欽差南京守備內官監太監李秀葉御藥房聖濟殿
提督尚饍監太監王守安　乾清宮尚冠牌子金進
忠　丁字庫管事內官監太監李榮桂　中帽局管
理內官監太監張輔政　御用監等衙門太監等官
段進忠　左玉　孟忠　趙榮　許天福　李欽
李廣　李朝政　任昇　高清　張艾茹　刘彪
張元漢　賀守礼　薄進　郭天壽　馬朝用　王
東忠　張綬　陳樂　楊國棟　車進用　王昇
郎玉　徐進　李桂　孟進忠　趙良用　票國用
郭應祥　楊微旭　田邦奇　寶貴　張微忠　李
萬邦　李啟先　孫國安　王用　谷進朝　周福
祿　陳梾　李國用　祈孔教　全萬喜　刘應
德　王吉祥　張國相　楊用　李惟紀　吳秉宜
張吉祥　徐進朝　張文寧　高雲鵬　李本貴
石玉　王允中　趙應魁　盧成順　孫橋　趙應
寧　錦衣衛信官　王永福　王永壽　天永先

重修關帝廟碑記（陰）錄文（2）

工部文思院副使盂九魁

敕建静默寺碑記（條石之一）

清康熙五十八年（1719 年）刻，尾刻乾隆四年（1739 年）跋

拓片縱 41、橫 105 厘米

勅建靜默寺碑記

地當其興人皆昧之時數而

不知數之實日乎今也維

其人之所見有是以相感者

則時數亦隨之而動敌因緣

空可以勝天非真能勝天也

以必能邈大之佑以成其志

頓焉同

爲僧海寬

建都默寺焉以發所感美

城西將

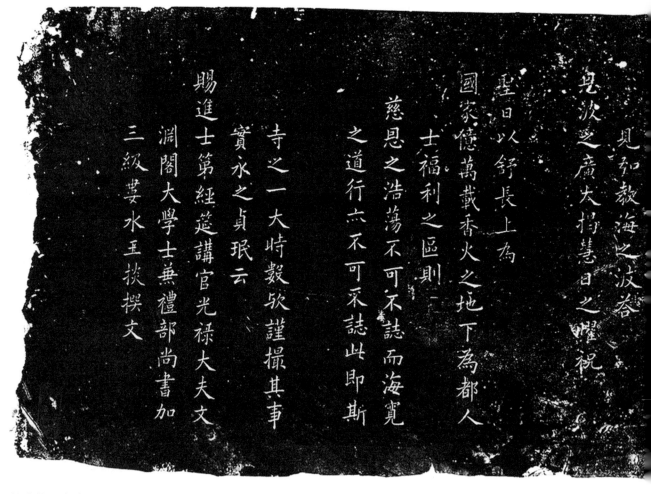

見知教海之波咨

見效之廣大摧慧日之曜視

國家億萬載香火之地下為都人

聖日以舒長上為

士福利之區則一

慈恩之浩蕩不可不誌而海寬

之道行六不可采誌此即斯

寺之一大峙毅欽謹操其事

實永之貞珉云

賜進士第經筵講官光祿大夫文

淵閣大學士無禮部尚書加

三級婁水王掞撰文

敕建静默寺碑記（條石之二）

拓片縱 37、橫 105 厘米

呈祥四罪風生顯妙心於七
慶十方雲集領真見於八遷
其不恭敬圖繪悲慈使身心踴
躍猗歟盛哉洵足仰祝
皇基於綿綿而福
國運於永永也我
皇上以鄧隆之治成太平之化而
於禪教力荷尊崇琳宮紺宇
愛
思僧遺者在憂皆是而幽地遐邇
御隆符出誘

虛舟而辭其請乾隆丁巳秋
沛公曰虛舟書迄未得而聞
一己卷疾不能復作書盡如前
請乎余曰維未燹虛舟徙
江南郵致所書神采煥發不
減少年而高古則又非昔此
乃知虛舟遷之二十年者盖
特重沛公不輕下筆也余
遂削其杶而記此因緣俾勒
于後 乾隆己未七夕 張照

敕建静默寺碑記（條石之三）
拓片縱 37、橫 102 厘米

賜進士出身奉直大夫翰林院編

俯加一級戶科掌印給事中

改授吏部驗封清吏司員外

郎王澍書

勅建靜默寺開山第一代傳賢首

正宗第三十世講演沙門海

寬敬立

大清康熙五十八年歲次己亥孟

夏佛誕日勒石

康熙壬寅間　沛公和上屬

北平研究院

北平廟宇調查資料匯編【内六區卷】

三二〇

敕賜静默寺碑記

清康熙五十九年（1720年）刻

拓片縱 190、橫 73 厘米

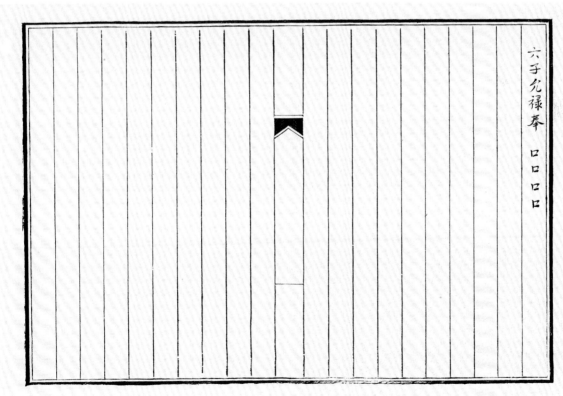

敕建静默寺碑記

敕建静默寺碑記額

紫禁城西舊有　伏魔大帝廟年久湮□□壁□□丹

□□□雖□□□□□□□□□

國佃民之神蒭廟近在宮垣之外□□□並□□不加

□□復新手□□□覧庞村選吉□□□□基址

□達前殿九樞後建　摩利支天聖母□壇□□于

康熙五十□年夏□月□□至五十二年夏□四月□

□□日□□旋□□□□　儀像得所□今方

喜抒誠之有自□賫心香祝□　皇無疆聖壽宜乎

有感必應鑿此素忱蒙　皇上親洒宸翰　賜□額

曰静默戒壇額曰王樞轉福鐵畫銀鈎並柯山之永

鳳龍□□□之明日□月

□□□□□良固笑乃携管次記復為之銘銘曰

我聞正教務報君親□□□□大□忠義絶倫

浩然之氣充塞無垠宜廟食□□如新仰□□□

□□□□聖母靈感至神弘開覺路普渡迷□位居

天界超日月□□□□□□□□□皇萬壽

萬春　康熙五十九年歲次庚子春正月吉旦　皇十

敕賜静默寺碑記録文（1）

注：首題應爲"敕賜静默寺碑記"

六子允祿奉　□□　□□　□

敕賜静默寺碑記録文（2）

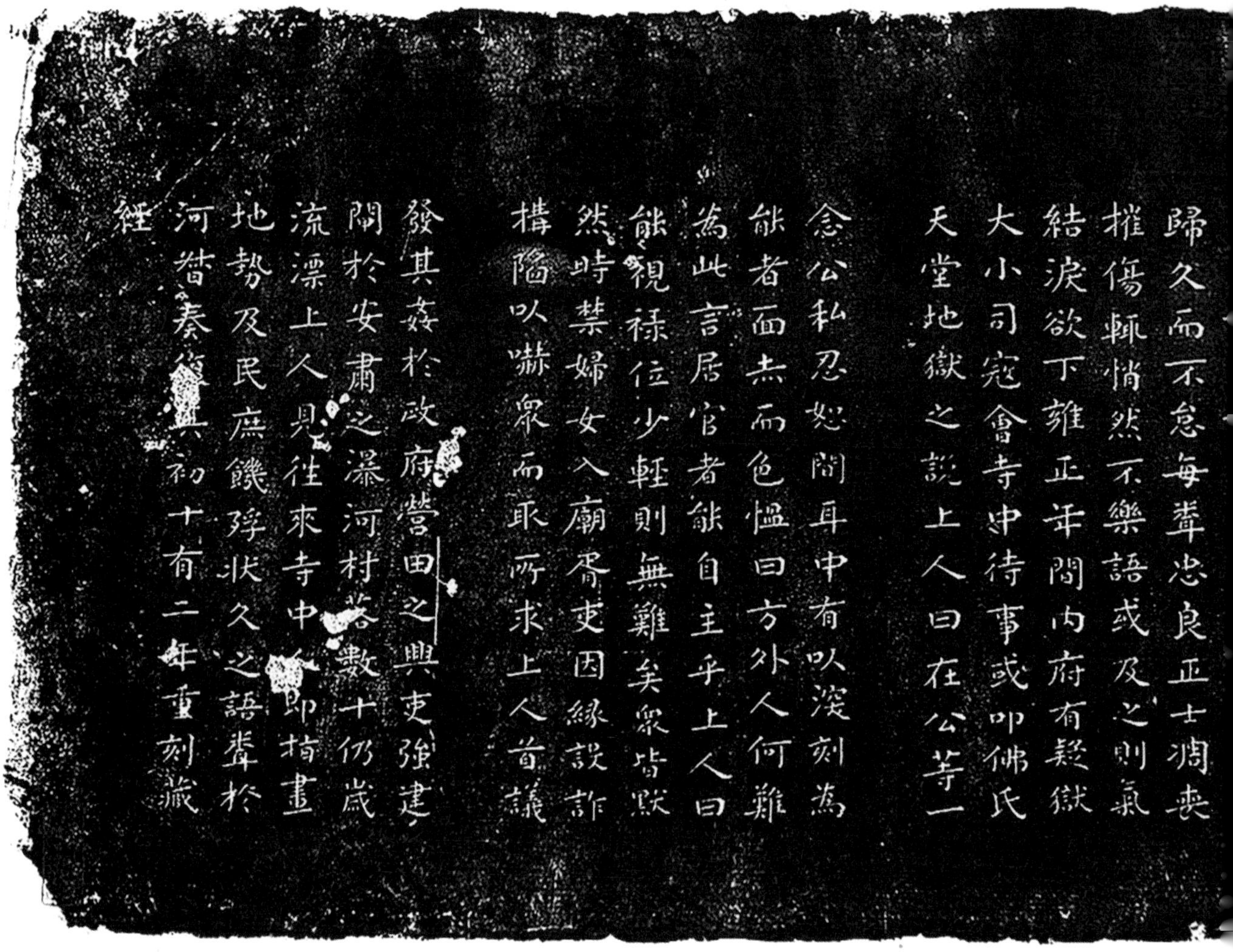

經河皆奏須其初十有二年重刻藏
地勢及民庶饑孳狀久之語輩於
流漂上人見往來寺中即措畫
閘於安肅之瀑河村落數十仍歲
發其姦於政府營田之興吏強建
構陷以嚇眾而取所求上人首議
然時禁婦女入廟胥吏因緣設詐
能視祿位少輕則無難矣眾皆默
為此言居官者能自主乎上人曰
能者面赤而色怩曰方外人何難
念公私忍怒間耳中有以浚刻為
天堂地獄之說上人曰在公芑一
大小司寇會寺申待事或叩佛氏
結淚欲下難正年間內府有疑獄
摧傷輒悄然不樂語或及之則氣
歸久而不息每輩忠良正士凋喪

沛天上人傳（條石之一）
清乾隆三年（1738年）
拓片縱41、橫107厘米

沛天上人傳

沛天上人名海寬俗姓崔氏直隸
易州人寓京師□□□住持靜
默寺寺近宮城

聖祖仁皇帝敕建

皇子數即事為家以為榮觀冠盖
往卡於□□頂服而上人家之若
□□□□縣汉使多行其意以
□□□貴人其加禮食蕚託
□□□道遣僧食尚數
□□□道□□玩其
黃光間□□□
胸中炯然英皆有
人若為大夫於
而惜其□□□母至孝作
室寺□左方迎其母而養為居母
與克之喪一遵儒書服既終顏色

沛天上人傳（條石之二）

拓片縱 38、橫 104 厘米

詔開積學沙門四十餘人開館校勘
命上之執其總量林授事立法程
工有條而不紊觀上人之萬於心
紀不忘斯去斯民而对足以立事
如此皆先重先俗而講復而以堂
於後儒者而儒之徒表數數肤也

朱子嘗憂斯道之衰以為性賢劄
明者多而顧心欲蒙古俗之塵
垢而藏永於二氏斯言也益信而
有徵矣故条錄其儒行而推闡佛
說以張其師教者器不著於篇盖
其徒無量之所譜其矢

昔
乾隆三年歲在戊午秋八月
　　桐城方苞譔
　　昆明湛富書

大悲院

【調查記録】

　　大悲院，北長街大悲院門牌三號。

　　門西嚮。北殿五間，内供大悲菩薩一尊，木像，坐高四尺，連座光高八尺。羅漢十八尊，木像，坐高三尺。又釋迦佛等泥、木像多尊。木彌勒佛一尊，高二尺。木五供一分。

　　東西房各三間，又東房三間，南房三間，均住宅。院内楸樹一株。

　　郭繼昌（郭益龍）家廟。

注　大悲院位于内六區北長街大悲院3號，始建年代不詳。清乾隆年間（1736～1795年）此處已有"大悲院"[1]。山門西嚮，大殿坐北朝南。供奉大悲菩薩、十八羅漢、釋迦佛、彌勒佛。大悲院爲郭繼昌家廟。

大悲院大殿

[1]　第一歷史檔案館、故宮博物院編：《清乾隆内府繪製京城全圖（第三函）》，北京：紫禁城出版社，2009年，223-9Z7b。

關帝廟

【調查記録】

關帝廟，苦水井胡同門牌五號前。

廟一間，木門額"神明感格。同治丁卯年六月重修"。木聯"視之不見求之應；聽則無聲叩則靈"。内供關帝木主，題"關聖大帝之靈位"。鐵五供一分。小龍王夫婦各一，泥塑。井一，旗杆一。

注　關帝廟位于内六區苦水井胡同5號前。始建年代不詳。清同治六年（1867年）重修。一間殿，當街廟。供奉關聖大帝之靈位、龍王夫婦像。

靈官廟

【調查記錄】

靈官廟，靈官廟胡同門牌甲一號。

山門南嚮，東房四間，旗杆一。

北房三間，過道內供靈官一尊，泥塑，坐高四尺。鐵五供一分，"光緒八年冬月立"。鐵磬一，"順治五年五月吉日造"。

後殿三間，木匾額"佛光普照。大清光緒壬辰年冬月吉立，本住持青衣僧儲秀宮盛得福、海司房杜祥盛"。內供釋迦佛一尊，泥塑金身，坐高六尺。童像二，泥塑，高三尺。鐵五供一分，"光緒十八年冬月立。靈官廟"。東西配房各二間。

殿左碑一，雲頭，箱座。陽額題"萬古流芳"，文叙此廟創修于康熙九年，重修于光緒壬辰年，"光緒十八年十月穀旦"鐫碑。陰額題"永垂不朽"，下題儲秀宮人名，"光緒三十一年三月重修"。碑身高三尺，寬一尺九寸，厚四寸。頭高一尺六寸。座高一尺六寸，寬二尺五寸，厚九寸。

右碑一，雲頭，箱座。陽額題"永垂不朽"，"中華民國九年春三月穀旦，張炯拜撰，江鳳鳴敬書"。陰額題"萬古流芳"，下題人名。碑身高四尺二寸，寬一尺六寸，厚五寸。頭高一尺七寸。座高一尺六寸，寬二尺四寸，厚一尺二寸。

小鐵鐘一，"大清康熙九年八月吉日虔造"。鐵鼎一，上鑄"靈官廟"三字，無年月。

太監伊萬山管理。

注 靈官廟位于內六區靈官廟胡同甲1號。始建于清康熙九年（1670年），清光緒十八年（1892年）和民國九年（1920年）重修。坐北朝南，廟內建築主要有山門、靈官殿、釋迦佛殿。供奉靈官、釋迦佛。民國十八年（1929年）寺廟人口登記時有伊萬山1人。

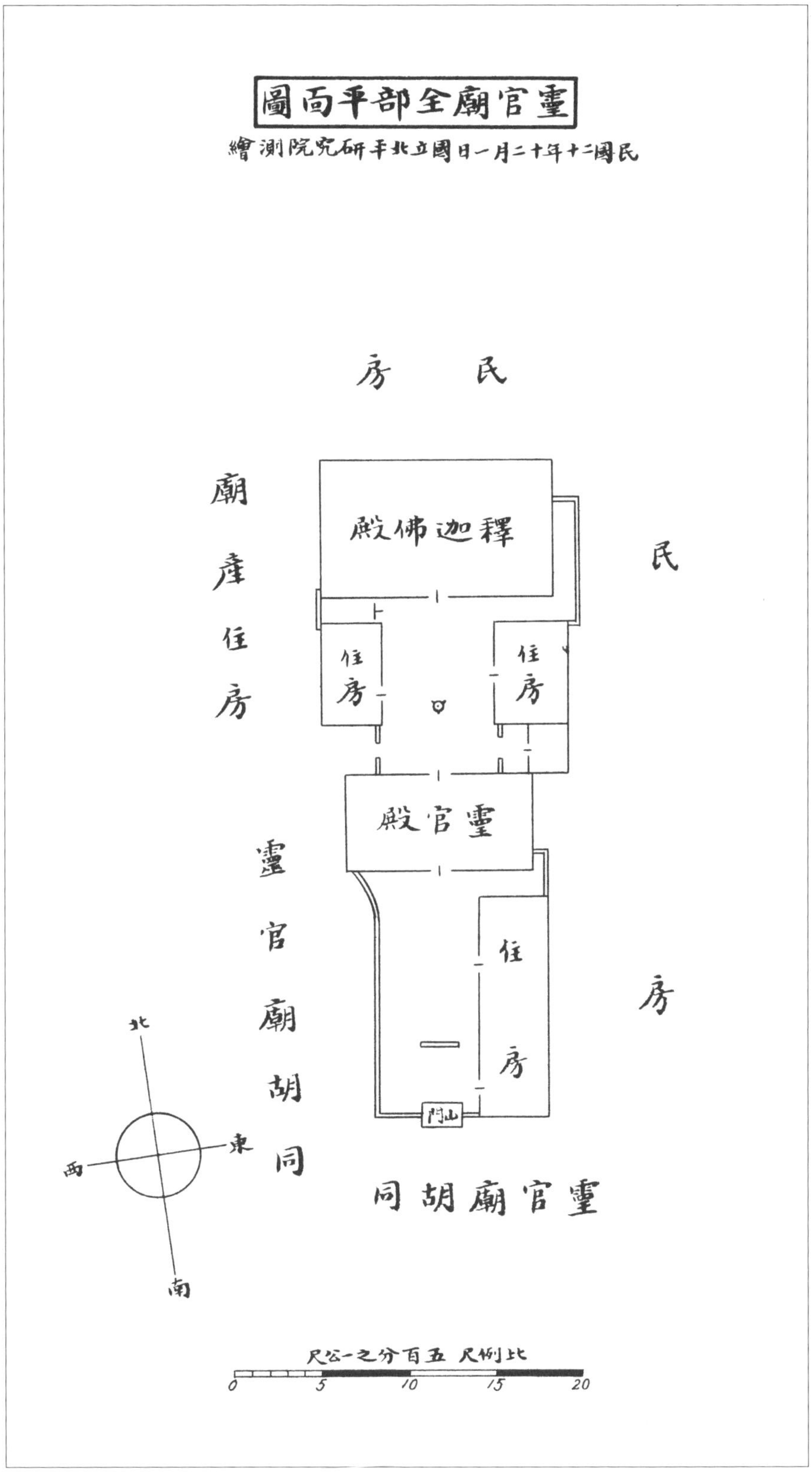

靈官廟全部平面圖

民國二十年十二月一日國立北平研究院測繪

房 民

釋迦佛殿

住房

住房

靈官殿

住房

山門

廟產住房

靈官廟胡同

房

靈官廟胡同

北

西 東

南

比例尺 五百分之一公尺

0 5 10 15 20

靈官廟全部平面圖

原圖比例尺：1：500

原圖單位：米

原圖尺寸：縱 20.2、橫 11 厘米

靈官廟山門

靈官廟釋迦佛殿

萬古
流芳

靈官廟由來久矣創修於康熙九
年迄今二百餘年廟宇傾危廟所
疢止適有海司房坦達杜祥盛
係天津府本海縣人儲秀宣事
人盛得福係河間府甯津縣人二
人發願擇吉重修歲次壬辰春三
月興工秋九月始告成焉爰誌之
于石以傳厥後

光緒十八年十月 穀旦

重修靈官廟碑

清光緒十八年（1892年）刻
拓片縱117、橫61厘米
注：調查記録記載此碑碑
陰有字，但無拓片。《北
平金石目》、《北平廟宇
碑刻目録》、《北京圖書
館藏北京石刻拓片目録》
均未記載碑陰。

萬古流芳 穎

靈官廟由來久矣 創修於 康熙九年迄今二百
餘年廟宇傾危靡所底止通有 海司房坦達杜祥
盛係天津府津海縣人 儲秀宮事上盛得福係河
閒府寶津縣人二人發願擇吉重修歲次壬辰春三
月興工秋九月始告成焉爰誌之 于石以傳厥後
光緒十八年十月 穀旦

重修靈官廟碑錄文

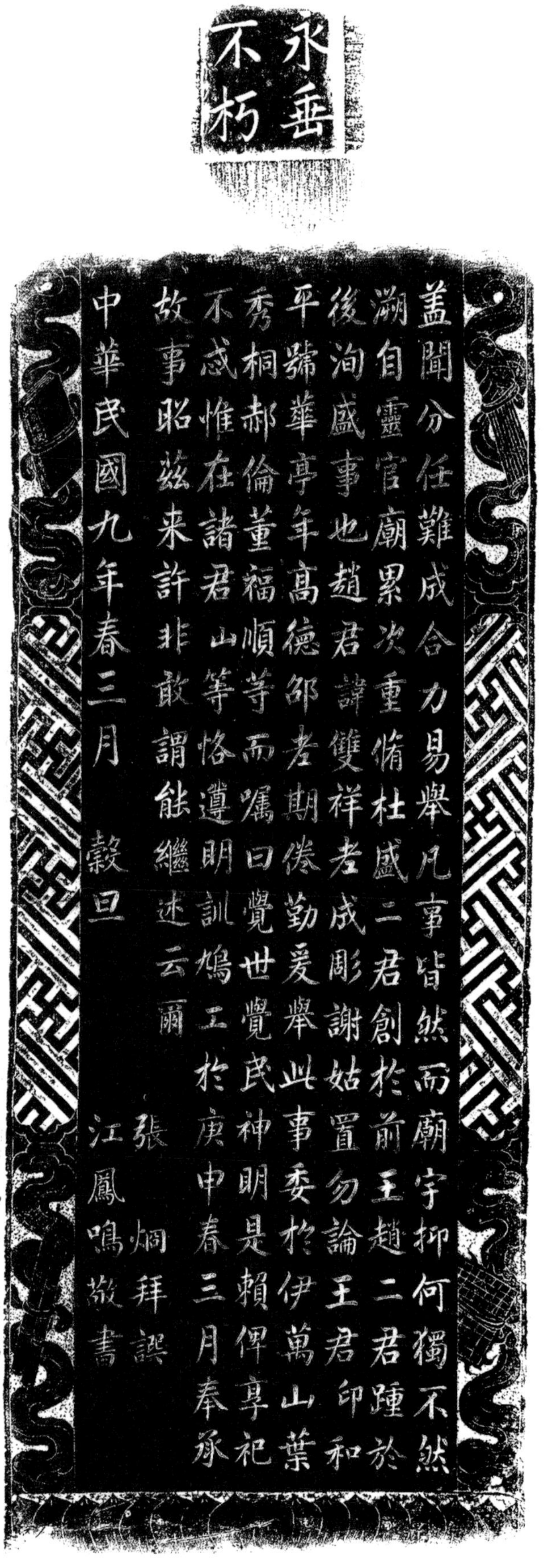

永垂
不朽

蓋聞分任難成合力易舉凡事皆然而廟宇抑何獨不然
溯自靈官廟累次重脩杜盛二君創於前王趙二君踵於
後洵盛事也趙君諱雙祥姑置勿論王君印和
平端華亭年高德邵耆期倦勤爰舉此事委於伊萬山葉
秀桐郝倫董福順等而囑曰覺世覺民神明是賴俾享祀
不忒惟在諸君山等恪遵明訓鳩工於庚申春三月奉承
故事昭兹來許非敢謂能繼述云爾

中華民國九年春三月穀旦   江鳳鳴敬書
                        張炯拜誤

重修靈官廟碑（陽）
民國九年（1920 年）刻
拓片縱 152、橫 56 厘米

蓋聞分任難成合力易舉凡事皆然兩廟宇抑何獨

不然溯自靈官廟累次重修杜盛二君創於前王趙

二君踵於後洵盛事也趙君諱雙祥老成彫謝姑置

勿論王君印和平號華亭年高德邵老期倦勤爰舉

北事委於伊萬山葉秀桐郝倫董福順等而嬬日覺

世覺民神明是賴俾享祀不忒惟在諸君山苟格遐

明訓鳩工於庚申春三月奉承故事怨兹永許非敢

謂能繼述云爾

中華民國九年春三月　穀旦　張烱拜譔　江

鳳鳴敬書

重修靈官廟碑（陽）録文

伊萬山字葦農青縣人

葉秀桐字琴軒大城縣人

郝倫字澤臣霸縣人

董福順字瑞軒青縣人

于□字其雨臣交河縣人

重修靈官廟碑（陰）

拓片縱 151、橫 56 厘米

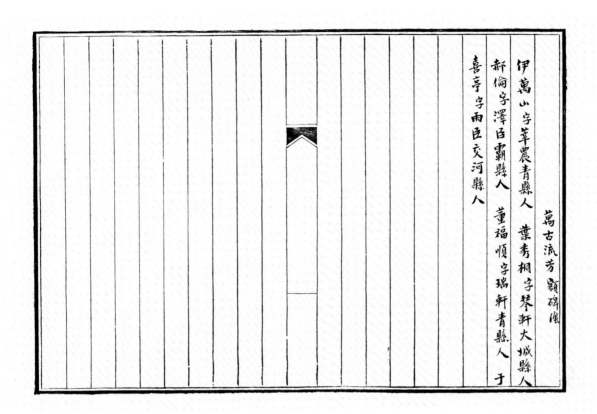

萬古流芳 頴碑後

伊萬山字華農青縣人　葉秀桐字琴軒大城縣人

郝倫字澤臣霸縣人　董福順字瑞軒青縣人　于

喜亭字雨臣交河縣人

重修靈官廟碑（陰）録文

佛堂廟

【調查記錄】

佛堂廟，老爺廟胡同門牌六號。

山門南嚮，門額"佛堂廟"。內設"理善勸戒煙酒總會第四號樂善同修公所"。

內過堂殿一間，供彌勒佛一尊，坐高二尺。後面韋馱一尊，立高四尺。上像均泥塑。

北殿三間，內供三世佛三尊，木像金身，高四尺，連座光高一丈。童二，立高三尺餘，木像，連座光高八尺。木五供一分。銅磬一。羅漢十八尊，泥塑，高二尺。銅釋迦佛像三尊，高三尺。關帝等像三尊，泥塑，坐高三尺餘。又右供達摩等像三，泥塑，坐高三尺。上供小木佛三，高不足尺。上有紙額二："佛光普照"，"百祿來成"，印章"榮□□□□之寶"。

前懸小鐵鐘一，"佛堂廟。嘉慶二十年十一月吉日立"。東西耳房各一間。東西配房各三間。

殿左碑一，雲頭，箱座。額題"萬古流芳"，"同治建元歲次壬戌嘉平月穀旦鐫造。壽安宮信士弟子三人同置……佛堂廟一座"，"咸豐八年二月初一日，廟主郭成富、景喜、馮國泰全置"。碑身高三尺，寬一尺六寸，厚四寸。頭高一尺四寸。座高一尺四寸，寬二尺，厚一尺九寸。

院內青楊二株，井一口。

太監張蘊天管理。

注 佛堂廟位于内六區老爺廟胡同6號。始建年代不詳，清乾隆年間（1736～1795年）此處廟宇名爲"佛堂"[1]。清咸豐八年（1858年）壽安宮太監購置并擴建。坐北朝南，廟内建築主要有山門、彌勒殿、三世佛殿。供奉彌勒佛、三世

---

[1] 第一歷史檔案館、故宮博物院編：《清乾隆內府繪製京城全圖（第三函）》，北京：紫禁城出版社，2009年，231-9X4。

佛、十八羅漢、釋迦佛、關帝、達摩、韋馱。民國十八年（1929年）寺廟人口
登記時有李志思1人。

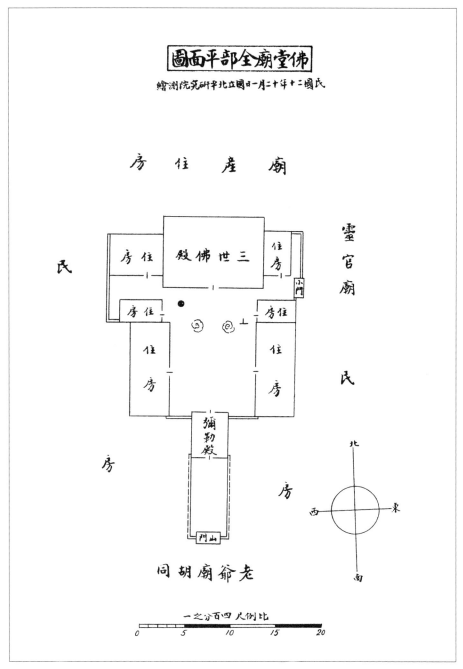

佛堂廟全部平面圖
原圖比例尺：1：400
原圖單位：米
原圖尺寸：縱17.4、橫12.7厘米

佛堂廟山門

佛堂廟三世佛殿

萬古流芳

同治建元歲次壬戌嘉平月穀旦鐫造

壽安宮信士弟子三人同置　有守燒香　趙玉順　姚春正　王世畇

佛堂廟一座原價清錢五百二十千計正殿三

間新修東西配殿六間前殿一間山門一間

耳房羣牆均係重築共成善因永垂不朽

咸豐八年二月初一日　廟主郭成富景等　馮圖索　仝置

壽安宮信士三人置廟碑

清同治元年（1862年）刻

拓片縱138、橫55厘米

萬古流芳額

同治建元歲次壬戌嘉平月穀旦鶴造　壽安宮信

士弟子三人同置者守燒香　姚春玉　王玉覽

趙順　佛堂廟一座原價清錢五百二十千計正殿

三間新修東西配殿六間前殿一間山門一間耳旁

群墻均係重築共成善門永垂不朽

咸豐八年二月初一日　廟主　郭成富　呂景喜

馮同泰　仝置

壽安宮信士三人置廟碑録文

關帝廟

【調查記録】

關帝廟，老爺廟胡同門牌九號。

山門南嚮，石門額"古刹護國關帝廟"，東西便門各一，内東西房各三間，槐樹二株。

北殿三間，木匾額"扶持綱紀"，内木額"伏魔大帝"。木聯"慷慨一言成骨肉；艱難百戰識君臣。弟子奎聯沐手謹書"。内供關帝一尊，坐高四尺，泥塑金身。周倉、關平等像四尊，泥塑，立高三尺。小木彌勒一尊，高一尺。木釋迦佛一尊，高一尺。木五供一分。馬童各一，泥塑，高四尺餘。木魚一。鐵磬一。木五供一分。廊下懸小銅鐘一。

東西配房各三間，東房現爲織襪廠。又東西房各三間。小柏樹四株。

住持僧滿山。

注　關帝廟位于内六區老爺廟胡同9號。始建于清乾隆二十四年（1759年）[1]，爲明代御用監南庫舊址[2]。坐北朝南，廟内建築主要有山門、關帝殿及東西配房。供奉關帝、周倉、關平、彌勒佛、釋迦佛。民國十八年（1929年）寺廟人口登記時有滿山等4人。

［1］　北京市檔案館：《北京寺廟歷史資料》，北京：中國檔案出版社，1997年，第79頁。
［2］　許道齡：《北平廟宇通檢》，北平：國立北平研究院，1936年，第98頁。

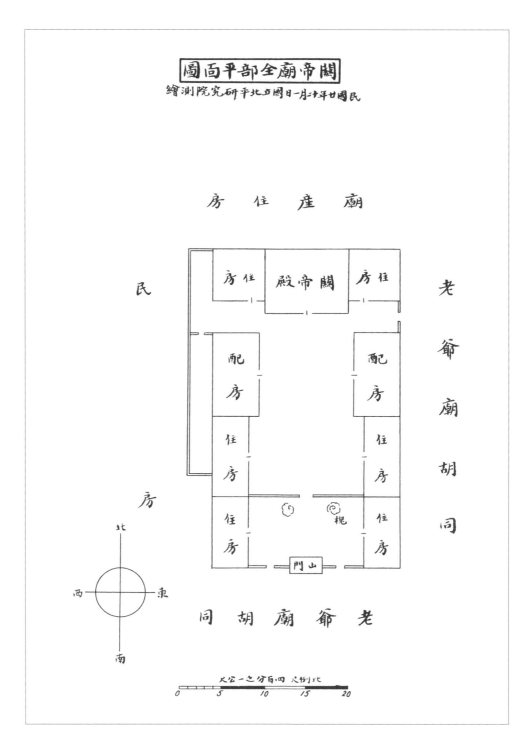

關帝廟全部平面圖
原圖比例尺：1：400
原圖單位：米
原圖尺寸：縱 19.8、橫 13.8 厘米

關帝廟山門

關帝廟關帝殿

五聖廟

【調查記録】

　　五聖廟，鐵香爐門牌二號前面。

　　廟一間，南嚮。内供龍王等像五尊，泥塑，高二尺。前有井一眼。懸鐵鐘一，"嘉慶二年九月吉日造"。鐵圓香爐一，"嘉慶二年九月吉日造"。

　　此廟爲秦泰清管理。

注　五聖廟位于内六區鐵香爐2號前。始建年代不詳。坐北朝南，一間殿，當街廟。供奉龍王等五神。

五聖廟

玉鉢廟

【調查記録】

玉鉢廟，玉鉢廟胡同門牌三號。

山門南嚮，石門額"古迹玉鉢真武廟。道光甲午季春重修"。

前院南房三間，東西房各二間。

後院北殿三間，左右耳房各一間，木額"玄極聖境"。内供真武一尊，泥塑，工細，坐高八尺。鐵五供一分，"玉鉢廟。光緒二十三年臘月吉日造"。鐵磬一。左右真武各一尊，泥塑，左高四尺，右高五尺。童像四，泥塑，立高六尺。東西配房各三間。

殿左碑一，龍頭，龜座。陽額題"重修真武廟碑記"，首題"重修真武廟碑記"，"内廷供奉大理寺司務前翰林院待詔大興曹曰瑛撰并書"，"時大清康熙六十年歲在辛丑春三月上浣吉旦"。陰額題"萬古流芳"，下爲題名及捐款數目，"大清道光拾九年歲次己亥七月上浣一日吉旦"。碑身高四尺四寸，寬二尺五寸，厚九寸。頭高二尺六寸。座高二尺，寬三尺四寸，長六尺五寸。

右碑一，雲頭，箱座。陽額題"真武廟記"，"南州喻宗聖書"。陰額題"萬古流芳"，下爲題名，"大清乾隆十七年三月初三日"。碑身高三尺四寸，寬二尺四寸，厚七寸。頭高一尺六寸。座高二尺六寸，寬三尺九寸，厚二尺一寸。

玉鉢置石座上，石座八角二層，刻花紋極細。鉢上刻海獸、海馬等及水波紋，工精細，長五尺八寸，寬四尺五寸，高二尺一寸。聞此鉢爲乾隆換去，置此石鉢。

大槐樹二株。

太監張萬鍾管理。

注 玉鉢廟，原名真武廟，又名玉鉢庵，位于内六區玉鉢廟胡同3號。明代御用監舊址有真武廟一座，建立年代不詳。因元代至元二年（1265年）雕成的瀆山大玉海于元亡後散落到此，此廟俗稱玉鉢庵。清乾隆十年（1745年）乾隆皇帝將瀆山大玉海移至北海團城承光殿前，并另製石鉢代替，下面八角形石座仍爲元代物，此廟仍存舊名。清乾隆年間（1736～1795年）此處廟宇名爲"玉鉢庵"[1]。清康熙五十年（1711年）、乾隆十六年（1751年）、道光十四年（1834年）重修[2][3]。坐北朝南，廟内建築主要有山門殿、真武殿。供奉真武大帝，真武殿前供石鉢。1979年，石鉢及元代石座被移至法源寺淨業堂前。

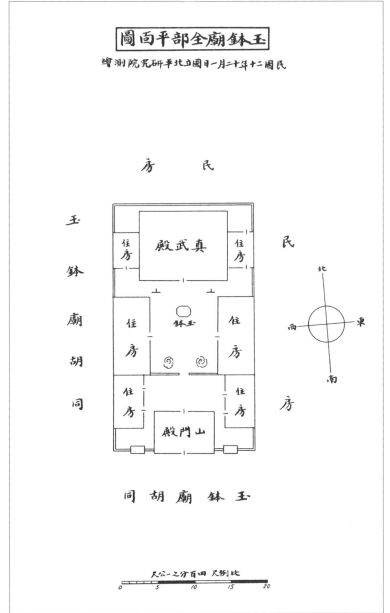

玉鉢廟全部平面圖

原圖比例尺：1：400

原圖單位：米

原圖尺寸：縱20、橫12.1厘米

［1］　第一歷史檔案館、故宮博物院編：《清乾隆内府繪製京城全圖（第三函）》，北京：紫禁城出版社，2009年，224-9Z8a。

［2］　許道齡：《北平廟宇通檢》，北平：國立北平研究院，1936年，第85頁。

［3］　國家文物局主編：《中國文物地圖集·北京分册（下）》，北京：科學出版社，2008年，第88頁。

玉鉢廟山門

玉鉢廟真武殿

玉鉢廟真武殿真武大帝像

玉鉢廟石鉢

玉鉢廟石碑《重修真武廟碑記》

重修真武廟碑記

内廷懃奉大理寺司務前翰林院待詔太興曹曰瑛拜書

紫禁城西華門外西南里許乃前朝御用監之舊址也房舍悉為軍民所居漫無可

考惟有真武廟獨存焉尒不知剏自何代雖棟宇傾頹庭序荒廢而殿前有古玉鉢

一口大可容二十石山龍海馬雲容水態備極雕鏤之巧且露廬庭中久歷年所沐二

十年前於爆直之殿六曾摩挲欵面徘徊久之深欵有慨如此而竟散置於

禁近之地也茲辛丑春忽有方外良友引瀛州行傭性情孔偷歷艱辛卓錫之地即斯廟

也且云今壬十六年一瓦一木咸出行乞倫銀率人難遂頗建至康

熙五十年賴善信寺共勸感舉左村媪工為之重建真武殿五楹復建前殿玉楄供

大上像即移玉鉢於座下壘石為小山貯水於玉鉢沿米普陀南海之意左右增修

禪堂各三楹維殿宇無多丹雘模署而廟貌維新鐘斆不缺更喜落成之日適值今

上御極六十年甲曆初周之日後此香燈佛火朝夕讌禮仰視載

朝寶祚萬年之盛是僧之素願料罕散乞一言記之于石予期之而興致娓娓不倦以不

文辭遂援筆述其梗槩一以慰行衲之苦心一以賀斯鉢之遭遇至詞翰未工六不

邉計及耳是為記昔

大清康熙六十年歲在辛丑春三月上浣吉旦

北平研究院
北平廟宇調查資料匯編
【内六區卷】

三六六

重修真武廟碑記（陽）
清康熙六十年（1721 年）刻
拓片縱 158、橫 82 厘米

重修真武廟碑記

重修真武廟碑記額

內廷供奉大理寺司務前翰林院待詔大興曹日瑛
譔并書　紫禁城西華門外西南里許乃前明御用
監之舊址也房舍悉為軍民所居漫無可致惟有真
武廟獨存焉亦不知創自何代雖棟宇傾頹庭序蕪
廢而殿前有古玉鉢一口大可容二十石山龍海馬
雲容水態備極雕鏤之巧且露處庭中久歷歲月所沐
日月之精華經風雨之噓潤斑斕光彩奪人心目以
故文人墨士時共訪觀憶予二十年前於曝直之暇
亦曾摩挲數匝徘徊久之深歎有器如此而竟散置
於禁近之地也玆辛丑春忽有方外良友引瀛州
行僧性福過訪叩其卓錫之地即斯廟也且云駐足
此處迄今三十六年一無一木咸出行乞備歷艱辛
之難遂願遠至康熙五十年賴善信等共襄盛舉凡
材塢工為之重建真武殿五楹復建前殿三楹供大
士像即移玉鉢於座下壘石為小山貯水於玉鉢以
示普陀南海之意左右增修禪堂各三楹雖殿宇無
多丹艧橫略而廟貌維新鐘鼓不缺更喜落成之日
適今　上御極六十年甲曆初周之日從此香燈佛

重修真武廟碑記（陽）録文（1）

火朝夕諷禮仰祝我　朝寶曆萬年之盛是僧之素
願粗畢敢乞一言記之于石予間之而興致娓娓不
復以不文辭遂援筆述其梗概一以慰行衲之苦心
一以賀斯鉢之遭遇至詞翰未工亦不遑計及耳是
為記省

大清康熙六十年歲在辛丑春三月上浣吉旦

重修真武廟碑記（陽）録文（2）

重修真武廟碑記（陰）

清道光十九年（1839年）刻

拓片縱156、橫83厘米

注：碑陰為清道光十九年刻
的捐資題名碑

萬古流芳額

營造司首領高德祿領袖承修　西驍圍吳德祿助

錢一百吊　畫匠房庫掌惠杰助錢五十吊　房銀

柱助錢五十吊　傢伙倉食掌高魁明助錢五十吊

武天俊助錢五十吊　盧奇峰助錢五十吊　閏明

助錢五十吊　簾子庫首領胡德毋化錢四十五吊

蘇文元助錢三十吊　趙玉保助錢二十吊　聚順

局馬掌柜助錢二十吊　聚成店謝應詰助錢二十

五吊　房錢庫庫掌于連奧助錢十吊　葉庫庫掌

吳托拉杭阿助錢十吊　炭庫庫掌陳明舒助錢十

吊　太醫院御醫白凌雲助錢十吊　更目紀振綱

助錢五吊　更目龐景雲助錢六吊　郭廣瑞助錢

十吊　梁玉柱助錢五吊　翟天貴助錢五吊　房

庫庫掌李瑞鍾助錢十吊　張文城助錢五吊　董

洪亮助錢十吊　住持僧同和　徒廣徹叩募

大清道光十九年歲次己亥七月上浣一日吉旦

重修真武廟碑記（陰）録文

真武廟記

王鉢廟者古真武祠也不知始自何時因其中
有一玉鉢焉遂以為名豈共南府街之西南清
闗幽辟脆盡塵罩之氣是以不入時人之目曰
見毀壞並無一人過而問焉乾隆辛未秋有闤
公諸入者悯古靖之剥壞欲廟宇之復新因與
衆議曰此廟不修後必壞且大衆應曰諾因
是共舉美意乃復為修經至乾隆壬申年春而
是廟落雖無修於前人亦為觀美也是歲
喜其廟落之成也因刻諸廟石以著願焉　南州愉

真武廟記（陽）

清乾隆十七年（1752年）刻

拓片縱 128、橫 72 厘米

真武廟記頟

玉鉢廟者古真武祠也不知始自何時因其中有一
玉鉢馬逸以為名立於南府街之西南清閒幽僻既
盡塵囂之氣是以不入時人之目見毀壞並無一
人過而問焉乾隆辛未秋有閭公諸人者憫古蹟之
頹壞欲修廟宇之復新囙與眾議曰此廟不修後必壞
且慶矣眾應曰諾囙是共舉美意乃為修理至乾
隆十七年春而是廟成雖無修於前人亦足以為觀
美於是咸喜其廟之成也囙刻廟石以著厥美
南州俞宗□□

真武廟記（陽）録文

真武廟記（陰）
拓片縱 130、橫 72 厘米

真武廟記（陰）録文（1）

真武廟記（陰）録文（2）

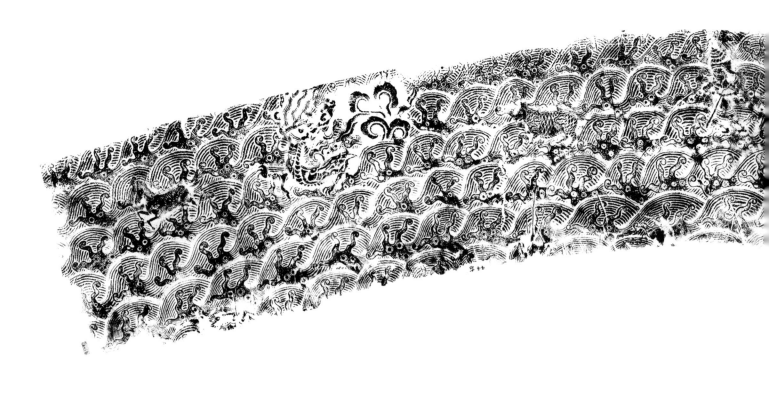

玉鉢廟石鉢花紋

清乾隆年間（1736～1795 年）刻

拓片縱 69、橫 454 厘米

北平研究院

北平廟宇調查資料匯編【內六區卷】

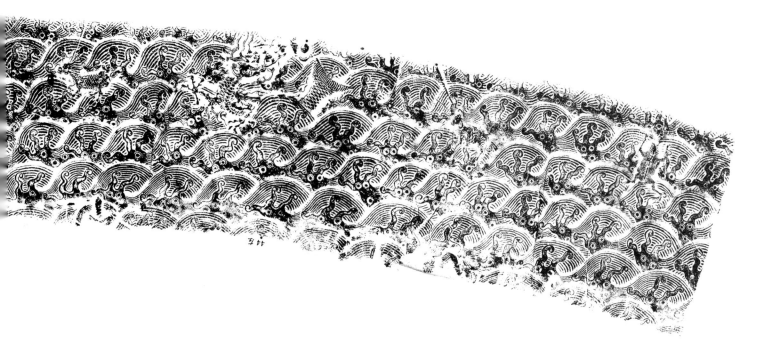

闡福寺

【調查記録】

　　闡福寺，旃檀寺琉璃門門牌四號。

　　山門東嚮，大殿與山門俱毀于庚子之役，現僅存小北房四間及石獅兩頭而已。

　　此寺爲北海闡福寺下院。

注　闡福寺位于内六區旃檀寺琉璃門4號。始建年代不詳。山門東嚮，山門、大殿皆于清光緒二十六年（1900年）八國聯軍入侵時被毀，僅存小北房四間，石獅一對。此寺爲北海闡福寺下院。民國十八年（1929年）寺廟人口登記時有張策丹1人。

竈君廟

【調查記錄】

竈君廟，觀音堂門牌一號。

山門東嚮，小門樓。

大殿三楹，木匾額“竈君廟。光緒乙巳年仲秋，西安門內茶廚三行公立”。內供竈君一尊，泥胎彩塑，坐像，高約四尺五寸。左右站童二，泥塑。鐵五供一分。小鐵磬一，“同治十一年十一月二日立”。

院內北有住房二間。

此廟係孫姓家廟。

注 竈君廟，又稱皂君廟，位于內六區觀音堂1號。始建年代不詳。坐西朝東，廟內建築主要有山門、大殿及北房。供奉竈君。竈君廟屬孫姓家廟。

竈君廟山門

竈君廟大殿

雨師廟

【調查記録】

雨師廟，府右街路西。

現爲培根女子學校。

注 雨師廟位于内六區府右街路西，應爲永佑廟之所在地。永佑廟始建于清雍正九
年（1731年），爲祀皇城城隍之所。《雨師廟全部平面圖》顯示，此廟有外垣
門朝東通府右街，主要建築坐北朝南。廟内建築主要有照壁、山門、鐘樓、鼓
樓、天王殿、雨神殿、後殿及配殿。雨師廟與清乾隆年間（1736～1795年）繪
製的《京城全圖》[1]中的永佑廟的位置及建築布局基本一致。1931年廟宇調查
時，此廟已爲培根女子學校。

雨師廟雨神殿

---

［1］　第一歷史檔案館、故宮博物院編：《清乾隆内府繪製京城全圖（第三函）》，北京：紫禁城出版社，2009
年，162-7Z10。

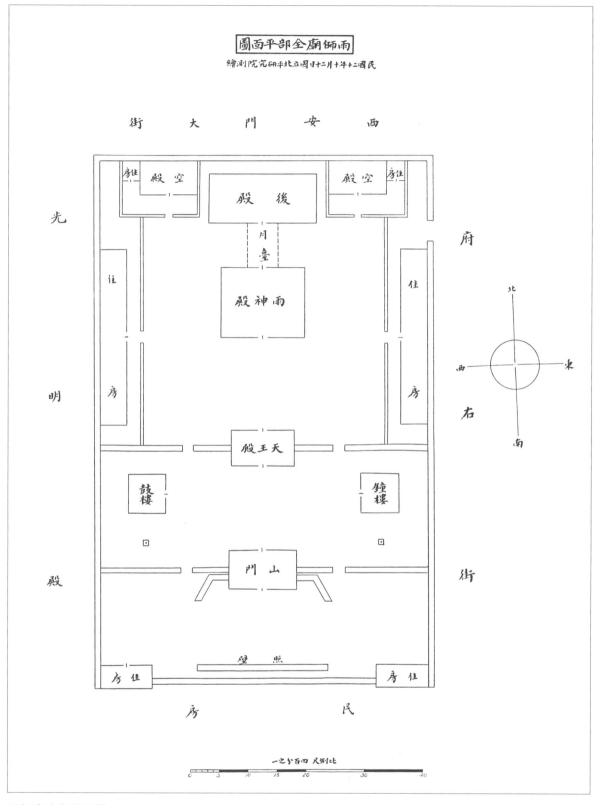

雨師廟全部平面圖

原圖比例尺：1：400

原圖單位：米

原圖尺寸：縱 32.5、橫 24.3 厘米

雙吉寺

【調查記錄】

雙吉寺，惜薪司胡同門牌二號。

門南嚮，現爲内六區第四分駐所占用。

北房三間，東西房各三間。

東跨院北房三間。

注　雙吉寺位于内六區惜薪司胡同2號。始建于明代（1368~1644年），明代惜薪
　　司太監所立，名雙節寺[1]。清乾隆年間（1736~1795年）此處廟宇名爲“雙即
　　寺”[2]。後名爲雙吉寺。坐北朝南，寺内建築主要有山門、大殿及東西配殿。
　　東院有北殿三間。

［1］　許道齡：《北平廟宇通檢》，北平：國立北平研究院，1936年，第97頁。
［2］　第一歷史檔案館、故宮博物院編：《清乾隆内府繪製京城全圖（第三函）》，北京：紫禁城出版社，2009
　　　年，163-7X1。

三聖祠

【調查記録】

三聖祠，地安門内碾兒胡同門牌二號。

山門東嚮，木額“三聖祠”。小廟一大間，内供龍王、馬王、土地，均泥塑，坐高約三尺。地下站像數尊，高矮不等。破供桌一張，香爐等均無。

殿前有井一眼。

廟歸孔士奎看管。

注　三聖祠位于内六區地安門内碾兒胡同2號。始建年代不詳。山門東嚮，殿一間。供奉龍王、馬王、土地。三聖祠爲姜姓家廟[1]。

[1]　《北平寺廟調查一覽表》，首都圖書館藏，手抄本，民國三十四年（1945年），第3頁。

馬神廟

【調查記録】

無

注　馬神廟位于内六區景山東街。原爲明代御馬監馬神祠，舊基在街之稍北處[1]。
清乾隆十四年（1749年）敕建傅恒宗祠，于乾隆二十年（1755年）將馬神廟移
建于此處。乾隆二十五年（1760年），乾隆皇帝之女和嘉公主下嫁傅恒次子
福隆安，遂將馬神廟賞賜爲和嘉公主府。清乾隆年間（1736~1795年）繪製的
《京城全圖》上此處標有"馬神廟"[2]。清光緒二十四年（1898年），京師大
學堂（北京大學前身）成立，撥和嘉公主空閒府第爲大學堂之校舍。民國年
間，爲北京大學的一部分。馬神廟無調查記録，僅有兩塊石碑拓片《傅忠勇公
宗祠碑》、《移建馬神廟碑記》。

［1］　許道齡：《北平廟宇通檢》，北平：國立北平研究院，1936年，第90頁。

［2］　第一歷史檔案館、故宮博物院編：《清乾隆內府繪製京城全圖（第二函）》，北京：紫禁城出版社，2009
年，126-6Z3。

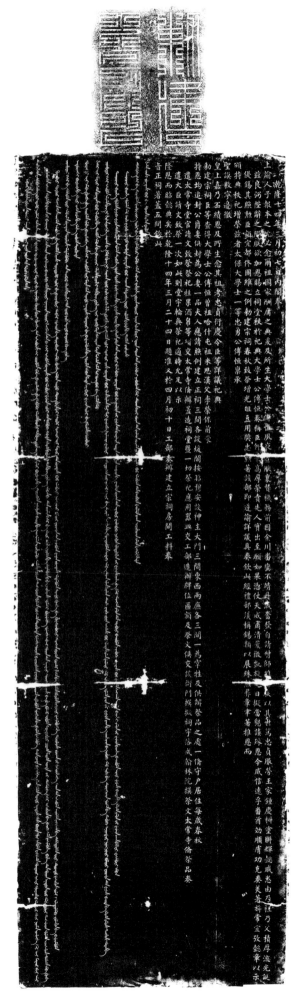

傅忠勇公宗祠碑（漢、滿文）

清乾隆十四年（1749年）刻

拓片縱300、橫86厘米

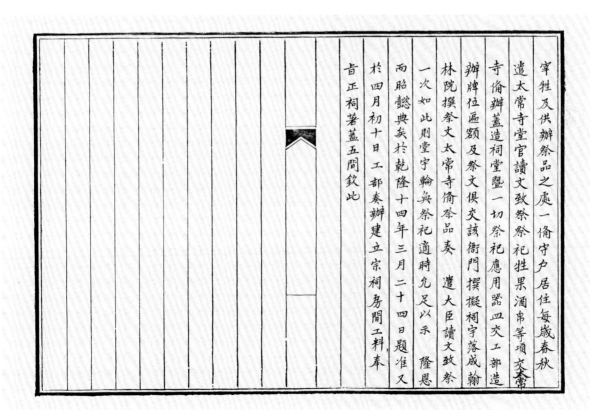

勅建顏

乾隆十四年三月初七日内閣奉 上諭人子報本
之忱必念彌祖國家酬庸之典爰及所生大學士公
傅恒夙夜宣勞襄贊機務前困金川蒐寳不靖丹誠
奮發自請督師維時朕以其世篤忠貞服勞王家鍾
慶椒塗聯輝懿戚悲由乃祖乃父積厚流光誕茲良
弼陛辭之際朕欲加恩賜立祠堂秩於祀典大學士
公傅恒奏稱臣仰蒙高厚榮貴先人實出至願如果
憑仗天威肅清荒徼凱旋之日擬當懇請殊恩今威
信遠孚番酋効順膚功克奏美著旂常宜玆懇章以

示優錫其照勳臣額宜都佟國維之例勅建宗祠春
秋致祭增光俎豆用獎忠勳著該部即遵諭詳議具
奏欽此經禮部議稱錫類以展殊勳彝章著推恩
而頒特典增榮秩於太保大學士一等忠勇
公傅恒寳承 聖謨敉寧邊徼 皇上嘉乃丕續恩
及兩生念其祖考忠貞衍慶令臣等詳議祀典 勅
建宗祠臣等查得大學士公傅恒曾祖哈什屯祖求
思宗父李榮保前蒙 特恩均追封公爵妻俱封為
公妻一品夫人應請照例建立正祠三間各設煖閣
按照穆安設神主大門三間東西兩廊各三間一為

傅忠勇公宗祠碑錄文（1）

宰牲及供辦祭品之處一俻守戶居住每歲春秋
遣太常寺堂官讀文致祭祭祀牲果酒帛等項交太常
寺俻辦蓋造祠堂暨一切祭祀應用器皿交工部造
辦牌位匾額及祭文俱交該衙門撰擬祠宇落成翰
林院撰祭文太常寺俻奏 遣大臣讀文致祭
一次如此則堂宇輪奐與祭祀適時允足以示 隆恩
兩照懿典奏於乾隆十四年三月二十四日題准又
於四月初十日工部奏辦建立宗祠務間工料奉
旨正祠著蓋五間欽此

傅忠勇公宗祠碑錄文（2）

移建馬神廟碑記

古者祖牧社以歲時蕭將祀事以祈蕃孳而祛灾青斯亦吉日維戊既伯既禱之遺意也金

世以緇流為廟祝專司香火四時報賽視昔猶今蓋唯神明妥侑仰真孔阜之休尼以剛日余家

賜第禁城東北旁建祠宇祀司六馬之神所以答神貺惜剞劂挍者至虔且慎余叨沐

恩榮逾於格外受庇堂構咸獲芊寧爰於宅壞隟地蠲吉鳩工移建馬神之祠偉棟楹璀燦像設嚴

然以

有事於神祠皆以緇緇云爾先世之成緒於無替

大清乾隆二十年歲次乙亥秋七月 穀旦大學士忠勇公傅恒敬撰

北平研究院

北平廟宇調查資料匯編

〔內六區卷〕

三八六

移建馬神廟碑記（漢、滿文）

清乾隆二十年（1755年）刻

拓片縱247、橫71厘米

馬神廟額

移建馬神廟碑記

古者祖牧社步歲時廟將祀記事以祈蕃孳而祛災眚

斯亦吉日維戊旣伯旣禱之遺意也余　先世　賜

第禁城東北旁建祠宇祀司六馬之神所以答神貺

惜窃牧者至虔且慎余叩沐　恩榮逾於格外受庇

堂搆咸覆芋寧爰於宅壖隙地蠲吉鳩工移建　馬

神之祠俾棟楹璀璪像設儼然以緇流爲廟祝專司

香火四時報賽視昔猶今盖唯神明要備仰奠孔阜

之休凡以剛日余家有事於　神祠皆以繼　先世

之成緒於無替云爾

大清乾隆二十年歲次乙亥秋七月　穀旦

大學士忠勇公傅恒敬撰

移建馬神廟碑記錄文

本索引按廟宇名稱首字漢語拼音排序，檢索分區編號、分卷頁碼

翠峰庵	内四區30號	三四四
翠雲仙院	内五區34號	三一九

D

大悲院	内五區112號	八五一
大悲院	内六區49號	三三六
大佛庵	内五區118號	八六三
大佛寺	内三區80號	二四五
大覺寺	内五區14號	一四九
大馬關帝廟	内六區42號	二五二
大石佛寺	内二區32號	一五七
倒座關帝廟	内二區48號	二一六
德福庵	内四區128號	九四一
德海寺	内五區56號	四五〇
德勝庵	内五區39號	三三二
地藏庵	内一區58號	二六六
地藏庵	内一區60號	二七七
地藏庵	内二區31號	一五五
地藏庵	内三區24號	一〇六
地藏庵	内四區35號	三六四
地藏庵	内四區101號	八一〇
地藏禪林	内二區49號	二一八
地藏寺	内三區54號	一七五
東廣濟寺	内五區18號	二三四
斗母宮	内四區115號	八七一
都城隍廟	内二區60號	二六四
都土地廟	内一區62號	二八三
都土地廟	内二區23號	一一七

E

二郎廟	内一區32號	一二五
二聖庵	内五區113號	八五二
二聖廟	内一區18號	〇八八

F

法藏寺	内四區123號	九一六
法光禪林	内二區1號	〇二一
法華寺	内一區56號	二三二
法華寺	内四區43號	三九三
法淵寺	内六區18號	一三二
梵香寺	内四區7號	二一〇
方丈廟	内四區87號	七二〇
豐泰庵	内五區10號	一三六
佛堂廟	内六區52號	三四八
伏魔庵	内三區88號	二九四
福德庵	内五區66號	四九六
福壽關帝廟	内二區38號	一七八
福壽寺	内三區35號	一四〇
福田觀	内三區50號	一六九
福祥寺	内五區71號	五〇八
福佑寺	内六區45號	二六八

G

高公庵	内五區32號	三〇五
古靈庵	内五區127號	九一四
關帝高廟（普濟寺）		
	内五區80號	五九二
關帝火神廟	内三區47號	一六〇
關帝廟	内一區6號	〇三二
關帝廟	内一區29號	一二一
關帝廟	内一區35號	一三二
關帝廟	内一區36號	一三四
關帝廟	内一區39號	一四九
關帝廟	内一區40號	一五二
關帝廟	内一區47號	一八二
關帝廟	内一區50號	一九〇
關帝廟	内一區57號	二六四
關帝廟	内一區63號	二八五

關帝廟	內一區69號	三三六	關帝廟	內五區64號	四八〇
關帝廟	內二區17號	〇九八	關帝廟	內五區97號	六七八
關帝廟	內二區21號	一〇九	關帝廟（三教庵）	內五區109號	八二〇
關帝廟	內二區37號	一七七	關帝廟	內五區122號	九〇三
關帝廟	內二區61號	二八五	關帝廟	內五區123號	九〇四
關帝廟	內三區2號	〇三四	關帝廟	內六區3號	〇三六
關帝廟	內三區3號	〇三五	關帝廟	內六區9號	〇七〇
關帝廟	內三區17號	〇八七	關帝廟	內六區11號	〇七六
關帝廟	內三區22號	一〇二	關帝廟	內六區14號	〇九二
關帝廟	內三區48號	一六六	關帝廟	內六區15號	〇九四
關帝廟	內三區53號	一七四	關帝廟	內六區25號	一六六
關帝廟	內三區56號	一八二	關帝廟	內六區26號	一七四
關帝廟	內三區61號	一九四	關帝廟	內六區27號	一八二
關帝廟	內三區66號	二一九	關帝廟	內六區28號	一八三
關帝廟	內三區67號	二二〇	關帝廟	內六區33號	二二三
關帝廟	內三區70號	二二六	關帝廟	內六區50號	三三七
關帝廟	內三區74號	二三一	關帝廟	內六區53號	三五四
關帝廟	內三區77號	二三七	關岳廟	內五區74號	五三八
關帝廟	內三區91號	三八三	觀音庵	內二區9號	〇六〇
關帝廟	內三區96號	四二六	觀音庵	內三區57號	一八四
關帝廟	內三區97號	四二七	觀音庵	內三區78號	二四二
關帝廟	內四區15號	二四八	觀音庵	內四區18號	二六八
關帝廟	內四區53號	四五九	觀音庵	內四區59號	五〇六
關帝廟	內四區55號	四八七	觀音庵	內五區7號	一二五
關帝廟	內四區64號	五四三	觀音庵	內五區77號	五七〇
關帝廟	內四區71號	六二二	觀音庵	內五區132號	九二五
關帝廟	內四區76號	六六二	觀音庵	內六區38號	二四四
關帝廟	內四區97號	七七二	觀音禪林	內四區100號	八〇八
關帝廟	內四區105號	八二六	觀音寺	內一區8號	〇三六
關帝廟	內四區107號	八三六	觀音寺	內一區28號	一一七
關帝廟	內四區117號	八八六	觀音寺	內二區5號	〇三五
關帝廟	內四區121號	九〇八	觀音寺	內二區19號	一〇二
關帝廟	內四區124號	九二二	觀音寺	內三區59號	一九〇
關帝廟	內五區22號	二五二	觀音寺	內四區38號	三七二
關帝廟（永壽庵）	內五區33號	三一二	觀音寺	內四區51號	四五四
關帝廟	內五區37號	三二七	觀音寺	內四區54號	四八〇

觀音寺	内五區84號	六二六
觀音堂	内五區105號	七七四
廣慈庵	内五區111號	八四三
廣慈寺	内三區13號	〇七二
廣德吕祖觀	内四區120號	九〇四
廣福觀	内五區61號	四六六
廣化寺	内五區107號	七九一
廣濟寺	内四區23號	二八八
廣濟寺	内四區130號	九七二
廣濟寺	内五區17號	二一一
廣仁寺	内五區41號	三四二
廣善寺	内四區6號	一九一
廣因寺	内三區37號	一四二
國子監	内三區95-1號	四〇〇

H

海潮庵	内三區無編號	五〇四
海潮庵	内五區13號	一四六
韓文公祠	内三區94號	三九八
杭宅家祠	内二區無編號	三〇三
恒樂寺	内四區58號	五〇二
弘慶寺	内四區73號	六三〇
弘善寺	内五區91號	六四九
弘興寺	内一區61號	二八〇
宏恩觀	内五區75號	五四八
護國禪林	内二區34號	一六四
護國寺	内四區1號	〇二一
華嘉寺	内四區103號	八一四
華嚴庵	内三區29號	一二三
華嚴庵	内四區40號	三八四
華嚴寺	内四區46號	四二三
華嚴寺	内六區31號	二〇三
槐寶探海寺	内五區8號	一三〇
槐抱椿樹庵	内二區14號	〇八四
匯通祠	内五區52號	四一六

慧興寺	内六區10號	〇七四
慧照寺	内三區40號	一四六
火神廟	内一區11號	〇四五
火神廟	内二區39號	一八一
火神廟	内二區63號	二九二
火神廟	内三區5號	〇三八
火神廟	内三區9號	〇六六
火神廟	内三區65號	二〇六
火神廟	内四區85號	七〇九
火神廟	内四區114號	八七〇
火神廟	内五區106號	七八〇
火神廟	内六區29號	一八四

J

吉慶寺	内一區64號	二八六
吉祥庵	内五區95號	六七四
吉祥寺	内三區63號	二〇三
吉祥寺	内四區79號	六七九
吉祥寺	内五區70號	五〇六
極樂庵	内三區10號	〇六七
極樂寺	内五區126號	九一一
極樂寺	内六區37號	二四〇
繼宅家廟	内五區96號	六七七
繼志庵	内六區22號	一六一
嘉興寺	内五區98號	六八一
金剛慈覺寺	内五區82號	六一六
金太監寺	内三區12號	〇七一
金宅光氏家祠	内四區88號	七二三
旌勇祠	内五區99號	六九四
精忠廟	内三區16號	〇八六
净土殿	内四區89號	七二八
净修寺	内四區49號	四四八
净業寺	内五區55號	四四〇
净因寺	内五區120號	八六八
静默寺	内六區48號	三一四

境靈寺	内三區71號	二二七
九頂娘娘廟	内三區93號	三九四
九天宮	内四區109號	八五〇
九陽宮	内五區93號	六六六
鷲峰寺	内二區10號	〇六二

K

科神廟	内三區32號	一二六
庫神廟	内六區5號	〇四一

L

雷祖廟	内三區82號	二六四
歷代帝王廟	内四區129號	九四六
靈官廟	内六區51號	三三八
靈鷲庵	内五區30號	二九五
隆長寺	内四區4號	一四七
隆福寺	内三區83號	二六六
隆聖庵	内二區43號	二〇三
隆興寺	内五區42號	三五〇
龍華寺	内五區46號	三八〇
龍泉寺	内四區50號	四五〇
龍王廟	内三區23號	一〇三
龍王廟	内三區49號	一六八
龍王廟	内三區79號	二四四
龍王廟	内四區22號	二八七
龍王廟	内四區25號	三〇二
龍王廟	内四區32號	三五八
龍王廟	内四區39號	三八三
龍王廟	内四區44號	三九六
龍王廟	内四區52號	四五八
龍王廟	内四區62號	五三三
龍王廟	内五區26號	二八三
龍王廟	内五區62號	四七四
龍王廟	内五區68號	五〇一

龍王廟	内六區24號	一六五
龍王廟	内六區32號	二二二
魯班祠	内三區28號	一一二
羅公庵	内四區56號	四九四
呂祖祠	内四區91號	七三二
呂祖閣	内二區54號	二三二
呂祖宮	内二區30號	一五一
呂祖觀	内一區15號	〇五〇
呂祖觀	内四區119號	八九八

M

馬靈官廟	内五區85號	六二八
馬神廟	内一區49號	一八五
馬神廟	内二區46號	二一二
馬神廟	内六區61號	三八三
彌勒庵	内四區33號	三五九
彌勒院	内一區25號	一〇三
彌勒院	内二區52號	二二八
彌勒院	内四區45號	三九七
彌勒院	内五區4號	一一二
彌陀寺	内四區20號	二七〇
彌陀寺	内四區24號	三〇〇
妙清觀	内四區31號	三五三
妙應寺	内四區99號	七七九
妙緣觀	内五區3號	〇九六
明珠寺	内四區60號	五一一

N

拈花寺	内五區2號	〇四七
娘娘廟	内四區69號	六一二
娘娘廟	内四區102號	八一二
娘娘廟	内五區16號	一九二
娘娘廟	内五區115號	八五五
娘娘廟	内六區8號	〇六三

凝和廟	内六區12號	〇七八

P

毗盧庵	内一區38號	一四八
毗盧庵	内三區4號	〇三六
毗盧寺	内四區126號	九三六
普安寺	内四區68號	五九四
普度寺	内六區6號	〇四四
普恩寺	内四區116號	八七三
普樂院	内六區4號	〇三七
普慶寺	内四區125號	九二六
普勝寺	内六區35號	二二九

Q

啓壽寺	内五區129號	九一七
千佛庵	内四區19號	二六九
清涼禪林	内二區35號	一七三
清泰寺	内一區67號	三二二
清虚觀	内五區28號	二八七
清真禮拜寺	内二區無編號	二九八
慶福寺	内一區44號	一七三
慶寧寺	内四區67號	五八六

R

熱河布達拉下院	内三區85號	二九〇
熱河普寧寺下院	内三區86號	二九二
熱河姝佛寺下院	内三區87號	二九三
瑞應寺	内五區47號	三八四

S

三才關帝廟	内二區7號	〇五三
三官廟	内五區54號	四三四

三官廟	内六區44號	二六六
三皇廟	内一區41號	一五七
三教庵	内一區65號	二九〇
三教庵	内二區4號	〇三二
三清觀	内四區93號	七三六
三聖庵	内四區72號	六二七
三聖庵	内五區51號	四一五
三聖財神廟	内三區103號	四四一
三聖祠	内一區5號	〇三一
三聖祠	内一區13號	〇四七
三聖祠	内二區56號	二五六
三聖祠	内三區42號	一五三
三聖祠	内三區43號	一五四
三聖祠	内三區73號	二三〇
三聖祠	内三區75號	二三四
三聖祠	内三區100號	四三七
三聖祠	内四區75號	六六一
三聖祠	内五區27號	二八六
三聖祠	内五區43號	三五二
三聖祠	内五區88號	六三五
三聖祠	内五區128號	九一六
三聖祠	内六區60號	三八二
三聖廟	内三區68號	二二一
三聖神祠	内三區30號	一二四
三義廟	内一區22號	〇九三
三義廟	内四區74號	六四六
三元伏魔宮	内五區59號	四五九
三元林	内五區9號	一三四
捨飯寺	内三區81號	二五六
敕孤院	内四區14號	二四四
聖泉庵	内五區12號	一四二
獅子庵	内一區3號	〇二七
什刹海寺	内五區44號	三五三
石燈吉祥寺	内二區16號	〇八八
壽明寺	内五區49號	四〇四
雙關帝廟	内一區23號	一〇〇

土地廟	内五區38號	三三〇
土地廟	内五區67號	五〇〇
土地廟	内五區83號	六二五
土地廟	内五區108號	八一六
土地廟	内五區117號	八六二
土地廟	内六區23號	一六二

W

萬佛寺	内五區23號	二五三
萬福寺	内四區17號	二六二
萬寧寺	内五區69號	五〇二
萬善寺	内一區55號	二三〇
萬善寺	内三區34號	一三八
萬善寺	内四區63號	五三八
萬壽彌陀寺	内五區24號	二六二
萬壽寺	内五區19號	二四一
萬壽五聖禪林	内五區40號	三四〇
萬壽興隆寺	内六區47號	二八二
王奶奶廟	内四區122號	九一二
文昌祠	内三區98號	四二八
文昌閣	内二區47號	二一四
文昌關帝廟	内一區7號	〇三三
文昌廟	内五區1號	〇二一
文丞相祠	内三區89號	二九六
文殊庵	内五區125號	九〇六
無量庵	内四區111號	八五三
無量寺	内四區10號	二一八
五道廟	内四區2號	一一九
五道廟	内四區131號	一〇一八
五門廟	内四區9號	二一二
五聖禪林	内四區36號	三六九
五聖祠	内一區4號	〇三〇
五聖祠	内一區34號	一三一
五聖祠	内三區99號	四三六
五聖祠	内四區42號	三九二

五聖祠	内五區90號	六四八
五聖祠	内五區119號	八六七
五聖祠	内五區121號	九〇二
五聖祠	内六區21號	一六〇
五聖廟	内四區65號	五四五
五聖廟	内六區54號	三五八
五聖神祠	内二區24號	一三二
五聖神祠	内四區34號	三六二
五顯廟	内三區39號	一四五
五岳廟	内三區55號	一八〇

X

西方寺	内四區57號	四九七
先師廟	内三區105號	四六二
賢良祠	内五區103號	七三七
賢良寺	内一區37號	一三五
顯靈宮	内四區108號	八三七
顯應觀	内二區55號	二四四
顯佑寺	内二區41號	一九六
響鈴寺（祝壽寺）	内四區26號	三〇三
小土地廟	内一區12號	〇四六
小旃檀寺	内四區29號	三三六
心華寺	内五區48號	四〇〇
興隆寺	内二區11號	〇七四
興隆寺	内六區34號	二二五
興勝寺	内三區76號	二三五
宣仁廟	内六區13號	〇八六
玄極觀	内一區51號	一九一
玄天宮	内四區95號	七六八
玄真觀	内一區21號	〇九二
玄真觀	内四區112號	八五八

Y

延福宮	内一區66號	二九四